Ville MAKERS 2022

10 FEMMES, 10 VILLES IDÉALES

DELPHINE ERNOTTE CUNCI
Présidente de France Télévisions

CHARLOTTE FAIRBANK
Championne de tennis-fauteuil

JULIE GAYET
Actrice, productrice de cinéma et réalisatrice française

CAROLINE HILLIET-LE BRANCHU
Directrice Générale de La Belle-Iloise

MURIEL MAYETTE-HOLTZ
Directrice du Théâtre National de Nice

PATRICIA MOULIN LEMOINE
Présidente du conseil de surveillance du groupe Galeries Lafayette

CÉLINE ORJUBIN
Directrice Générale de My Little Paris

STÉPHANIE PAUZAT
Présidente du Groupe Mileclair, Vice-Présidente déléguée de la CPME

CÉLINE PEUDENIER
Membre du directoire du Groupe SOS

MARIE TRELLU-KANE
Présidente d'Unis-Cité

INDEX

AVANT-PROPOS

***Par* Michel Mathieu**
Directeur Général de LCL

Et si la ville idéale était construite par des femmes ?

Dans cette nouvelle édition de Ville Makers, c'est le pari que nous avons décidé de prendre.

Traversées par des transformations profondes, nos villes devront changer. C'est aujourd'hui une certitude. Mais comment piloter ce changement ?

Les contributrices réunies dans cet ouvrage exceptionnel ont toutes leur idée sur la question. Car faire une ville idéale, ce n'est pas seulement en décrire les contours ou en présenter la forme générale. Non, c'est surtout entrer concrètement dans le détail du fonctionnement de cette ville. Qui sont ses acteurs, comment y circule-t-on, quel type de bâtiment y construit-on, quelles activités y pratique-t-on ?

C'est à l'ensemble de ces questions que *Ville Makers 2022* cherche à répondre, sans proposer une ligne de conduite univoque mais au contraire en essayant de donner la parole à des femmes venant de parcours très divers. Si elles ne partagent pas les mêmes points de vue, ces femmes qui font la ville ont en commun de vouloir la rendre meilleure, plus juste et plus soutenable.

Laboratoire d'une urbanité nouvelle, la ville fait face aux grandes transitions de notre époque. Ecologique d'abord, dont il sera beaucoup question dans les chapitres à suivre, mais aussi numérique, qui s'incarne par la connectivité et la couverture réseau des espaces urbains. Mais les villes sont aussi aux avant-postes des transitions sociales et économiques : comment s'adapter à des évènements sanitaires inédits tels que la pandémie ? aux bouleversements du monde du travail ? comment gérer l'attractivité des nouvelles générations pour les zones plus rurales ?

Pensées par les hommes et à l'époque d'une division des tâches entre les genres dans la société, les villes monstres du XXe siècle ont d'ores et déjà commencé à disparaître, avec des usages et des habitudes d'un autre temps. Cette édition illustre ce changement d'époque et nous donne déjà peut-être à voir le visage des villes de demain – tout en notant les nombreuses continuités.

Elles sont actrices, entrepreneuses ou encore sportives, elles travaillent dans le domaine du numérique, de la culture ou de la grande distribution... Les dix femmes que nous avons choisi de réunir symbolisent un tournant.

Présidente de France Télévisions, **Delphine Ernotte Cunci** est elle aussi une citadine passionnée par l'épaisseur historique des villes et des quartiers. En dépeignant sa ville idéale, elle dresse un parallèle éclairant entre la mission de la télévision et les défis qui sont les nôtres pour retrouver le sens du commun au cœur de nos villes.

Actrice, productrice, réalisatrice et femme engagée dans plusieurs causes, **Julie Gayet** a créé la maison de production Rouge International avec Nadia Turincev. Parisienne depuis longtemps, c'est à partir de son expérience de mère dans la capitale que Julie Gayet développe sa vision de la ville idéale : une ville bienveillante, durable et qui favorise le collectif.

La ville idéale passe aussi par une incarnation, une situation géographique particulière. **Muriel Mayette-Holtz** est directrice du Théâtre National de Nice où elle a choisi de venir s'installer après avoir dirigé la Villa Médicis à Rome. Les cités du Sud, ensoleillées et où l'extérieur et les jardins permettent déambulations et rencontres, ont changé son rapport à la ville. Au TNN, elle s'efforce de remettre le théâtre là où il a toujours été : au cœur de cette ville qu'il peut contribuer à rendre idéale.

Vivant entre trois villes, alternant entre voyages, études et surtout pratique professionnelle du tennis fauteuil, **Charlotte Fairbank** est déterminée et optimiste. Alors qu'elle se prépare pour les Jeux de Paris 2024, elle revient sur son rapport à la ville par la lorgnette de l'accessibilité : que signifiera être une personne en situation de handicap dans la ville de 2024 ?

Présidente du Conseil de surveillance du groupe Galeries Lafayette, **Patricia Moulin Lemoine** est une Parisienne qui se fait une haute idée de ce que veut dire vivre en ville. En confrontant son expérience professionnelle dans le secteur des grands magasins avec la réalité des défis qui attendent les villes de demain, elle propose des pistes de réflexion pour envisager une ville plus fluide après la pandémie.

Présidente d'Unis-Cité, citoyenne engagée, **Marie Trellu-Kane** dessine quant à elle une ville idéale au centre de laquelle navigue une jeunesse engagée, au service du civisme et de l'éducation aux grands défis de demain. Sortir de l'isolement, remettre de la mixité et de la diversité au cœur des villes... Selon elle, aucun de ces problèmes n'est insurmontable – encore faut-il une méthode d'éducation à l'engagement... et un peu d'organisation.

C'est à partir d'un poste d'observation et d'action privilégié, le Groupe SOS, que **Céline Peudenier** peut quant à elle déployer une vision très large des points d'amélioration pour la ville idéale. Entre transition écologique et transformation économique et sociale, la clef est selon elle dans la capacité à décider ensemble. Cette ville idéale, en quelque sorte, redevient une agora, où les citoyens reprennent en main leur destin en décidant ensemble des grandes orientations pour le futur.

À partir de l'exemple de Caen, **Stéphanie Pauzat**, cheffe d'entreprise et vice-présidente de la Confédération des Petites et Moyennes Entreprises, met au cœur de son idéal une exigence de prospérité économique et de dynamisme. Pour réussir le tournant du XXIe siècle, les villes devront être des outils au service des entrepreneurs et du plein emploi.

Dynamisme et qualité de vie : tels sont les deux principaux attributs de la ville idéale que tente d'esquisser **Caroline Hilliet-Le Branchu**, Directrice générale de la Belle-Iloise. Consciente des enjeux climatiques et des grandes transformations sociétales, cette enseigne familiale vieille de 90 ans se nourrit d'un double héritage : la force tranquille de la tradition en bord de mer avec la créativité des grandes capitales.

Cela fait quatorze ans que **Céline Orjubin** a fondé avec quatre autres femmes My Little Paris. D'une simple newsletter, ce projet est devenu un business mondial. Elle revient dans sa contribution sur son itinéraire fondé sur l'amour des villes, mais aussi sur l'imaginaire, moteur irremplaçable pour construire la ville de demain.

Ces visions de la ville sont autant de parcours qui nous invitent à repenser notre rapport à ces espaces que nous avons en partage et à comment les rendre désirables.

Avec LCL, première banque urbaine, nous avons à cœur de mettre en valeur les parcours exceptionnels de celles qui font la ville et qui la rendent meilleure concrètement, au jour le jour.

Au fil des pages, nous vous proposons de cheminer avec elles, vers une ville idéale aux couleurs de l'engagement, de la diversité et de l'esprit d'initiative. Une ville innovante et qui sait se conjuguer au féminin. Découvrons-les ensemble !

1

*

Tout commence autour de nous

DELPHINE ERNOTTE CUNCI
Présidente de France Télévisions

Présidente de France Télévisions, Delphine Ernotte Cunci est aussi une citadine passionnée par l'épaisseur historique des villes et des quartiers. En dépeignant sa ville idéale, elle dresse un parallèle convaincant entre la mission de la télévision et les défis qui sont les nôtres pour retrouver le sens du commun au cœur de nos villes.

* * *

On ne se lasse jamais de la beauté d'une ville.

Et la ville où j'habite est très belle. C'est une chance : en général, la vraie beauté ne s'use pas – celle de Paris est éternelle. J'aime aussi beaucoup Londres, autre grande capitale qui mêle des quartiers extrêmement différents et des atmosphères hétérogènes grâce à un réseau de parcs et à de nombreux espaces verts.

Comme Paris, Londres est émaillée de lieux où l'on a l'impression d'être un peu ailleurs…

Dans les capitales et les grandes villes, j'aime avoir le sentiment que je pourrais me perdre, que je ne connaîtrais peut-être jamais tous les quartiers, qu'il y a toujours de nouvelles choses à découvrir. Ces villes sont uniques, elles ont une vibration particulière. S'il n'est pas sûr qu'elles soient idéales, elles ont du moins quelques traits qui sont pour moi des essentiels.

C'est de ceux-là que je voudrais d'abord essayer de repartir pour esquisser un futur désirable.

La ville et ses essentiels

Au XXIe siècle, un premier obstacle, presque une gageure, se pose aux amoureux des grandes villes : comment loger à la fois beaucoup et mieux ? Comment abriter des personnes en nombre tout en offrant des espaces d'une part privés de qualité, d'autre part communs ? Comment respirer dans une cité active, articuler la densité urbaine et le besoin d'espaces verts ?

Si étendre les villes est toujours possible – et c'est ce qui sera immanquablement le cas de Paris, dont les limites historiques deviendront de plus en plus théoriques –, il semble judicieux de partir de ce que l'on a, c'est-à-dire de réorganiser l'espace à notre portée, à notre disposition, pour en faire quelque chose d'autre. Il s'agit non pas d'ajouter des couches à la ville, mais de les transformer et peut-être d'en retirer pour rendre celle-ci plus vivable.

Mieux occuper les espaces d'habitation est donc une clef. C'est le premier essentiel. On touche immédiatement, bien sûr, à la question des logements vacants. À Paris, leur part a beau être relativement faible depuis plus de deux ans par rapport à celle d'autres villes françaises – environ 2 % –, dans certains arrondissements comme le 8e, plus de 4 % d'entre eux sont inoccupés[1]. Le sujet est certes difficile, mais il doit à tout prix être réinscrit à l'agenda. Nous ne pourrons pas créer une ville idéale si nous ne considérons pas la question du logement comme structurante.

1. « 18 600 logements durablement vacants à Paris », Atelier parisien d'urbanisme, septembre 2021. Disponible sur : www.apur.org/fr/nos-travaux/18600-logements-durablement-vacants-paris

Dans la même logique mais au-delà de la seule distribution de l'espace de logement, le sujet de l'équilibre entre l'espace réservé aux habitations et celui dédié aux parcs, jardins et autres places doit être examiné. Sur ce point non plus, il n'y a pas de formule magique ou de nombre d'or : il s'agit d'un dosage millimétré qui doit partir de la réalité des villes, de la vie quotidienne de leurs habitants, et des pratiques d'interactions avec ces espaces.

Car le deuxième essentiel des villes de demain, ce sont bien les espaces communs. Pas seulement les lieux végétalisés, mais aussi les cafés et les commerces. Ainsi, il me semblerait tout à fait inconcevable – comme d'ailleurs à beaucoup de personnes qui choisissent d'habiter en ville – de vivre dans une rue sans cafés. Le café est par définition un espace commun de mixité où l'on peut retrouver des gens, donner rendez-vous, rencontrer du monde. C'est un lieu du partage, de la circulation et de la mixité – car contrairement à bien des idées reçues, la mixité existe aussi à l'échelle d'un quartier, même si elle peut être moins forte qu'entre quartiers… La question qui se pose, alors que les années 2020 se sont ouvertes par une pandémie qui a distendu les liens et des confinements qui ont fragilisé ces nœuds invisibles du pacte social, est la suivante :

comment, dans des villes aussi grandes que Paris – et même si la capitale est toujours un cas d'étude imparfait –, peut-on arriver à promouvoir et préserver ces lieux du partage, de la circulation et de la mixité ?

Une réponse est peut-être de revenir aux fonctions fondamentales de la ville, et parmi elles à une en particulier : le commerce – troisième essentiel dans le chemin vers une ville idéale. En effet, on oublie souvent à quel point le commerce a subi des bouleversements ces dernières années. Le tournant digital avec l'apparition des plateformes de e-commerce a révolutionné les usages : l'abondance du choix est devenue la norme, et la possibilité de se faire livrer a petit à petit cessé d'être un luxe… Aujourd'hui, bien des gens ne se rendent pas dans un magasin seulement pour acheter, mais ils vont y rechercher quelque chose de plus. Internet est un marché infini défiant toute concurrence, et la crise de la Covid-19 a achevé d'entériner ce bouleversement anthropologique qu'a constitué l'irruption du numérique. Les grands groupes ont pu s'adapter, faire preuve de résilience, changer leurs stratégies. Cependant, on mesure mal à quel point ce tournant a quelque chose d'irrémédiable pour les acteurs plus petits – je pense notamment aux commerces alimentaires de proximité.

À Paris, dans le Marais – où je vis –, les petites boutiques qui émaillent le paysage et qui ne sont pas des chaînes disparaissent petit à petit au profit de lieux plus impersonnels. Les grandes enseignes de vêtements qui sont arrivées massivement dépersonnalisent beaucoup le quartier. Heureusement, de nouveaux petits commerces indépendants se créent toujours mais, de manière compréhensible, préfèrent s'installer dans des arrondissements où les baux commerciaux sont moins chers.

On l'aura compris, ces commerces indépendants ne sont pas uniquement essentiels pour la fonction qu'ils occupent : ils sont aussi, à leur manière, des lieux de culture. Car la culture commence autour de nous : elle naît de la rencontre avec l'autre. Entre l'opéra Garnier et son écran d'ordinateur ou de smartphone, il y a la librairie de quartier, le kiosque à journaux ou une conversation engagée à l'improviste avec un voisin au café. Parce que tout est à portée de clic, nous avons trop souvent oublié à quel point les commerces de proximité étaient des lieux d'échange indispensables. Dans bien des cas, ils ont même une fonction de sauvegarde de la vie du quartier, au sens propre. Je me souviens d'une dame qui tenait un pressing près de chez moi et qui assumait de jouer ce rôle auprès notamment des personnes âgées – un peu comme une gardienne d'immeuble, mais à l'échelle d'une rue ou d'un pâté d'immeubles. Elle m'a dit un jour : « Je n'ai pas vu votre voisin ce matin. » Je l'ai rassurée en lui indiquant que j'irai sonner à sa porte pour voir comment il allait. Instantanément, quelque chose nous reliait.

Une fois que les besoins élémentaires des êtres humains sont satisfaits – le toit et l'alimentation –, ce qui fait notre confort et notre bonheur au quotidien, ce sont les liens sociaux et en particulier ceux que nous pouvons entretenir chaque jour au sein d'un quartier. Connaître les commerçants, des voisins, dire bonjour en passant… ce sont autant d'interactions essentielles et pourtant difficiles à organiser. Elles doivent être au cœur de notre projet de ville idéale.

Là où point l'histoire

Je vis non loin de la rue des Rosiers, un quartier juif où les commerces et la cuisine véhiculent cette culture d'une grande richesse. Car la culture – où nous arrivons évidemment –, ce ne sont pas que les *lieux de culture*: nos rues, nos habitudes, nos commerces, sont eux aussi pétris de culture.

C'est une vérité que j'expérimente d'ailleurs au quotidien en tant que directrice de France Télévisions: lorsqu'on demande aux téléspectateurs ce qu'est la culture pour eux, ils ne répondent pas simplement le théâtre ou l'opéra. La cuisine, par exemple, fait partie intégrante de la culture dans l'esprit général.

Aussi me semble-t-il important de respecter et préserver ces commerces qui survivent dans la ville parce qu'ils sont historiques. Laisser les traces d'une vie dans la ville, rappeler que tel bâtiment a été le lieu de tel événement, qu'il y a ici un temple, là une synagogue, ailleurs une église ou une mosquée, des lieux de culte historiques, des musées, parfois des hôtels particuliers ayant abrité des personnalités de l'histoire de France… Je trouve que tout cela contribue à ancrer un lieu.

À Paris, qu'on le veuille ou non, l'histoire est gravée dans nos esprits, y compris les souvenirs les plus tragiques et les plus douloureux. Rue des Rosiers, par exemple, sur le lieu de l'attentat contre Jo Goldenberg, chaque fois que je passe devant l'ancien restaurant, je ne peux faire autrement que d'y penser. Plus proches de nous, les événements du 13 novembre 2015 se rappellent à la mémoire de chacun en traversant la place de la République, devant la façade du Bataclan… S'approprier l'histoire d'un lieu, tel est pour moi le premier acte culturel, et il est au cœur de la ville idéale.

Certains quartiers de Paris se sont gentrifiés, voire carrément embourgeoisés, comme le 15e arrondissement, à l'origine le quartier ouvrier des usines Renault. Si l'on accepte de prendre le temps de se plonger dans l'épaisseur historique de ces quartiers, d'abandonner l'idée selon laquelle la belle ville devrait être une ville-musée, alors on peut trouver un moyen d'en raconter l'histoire autrement. L'exemple du Havre, bombardé et totalement détruit pendant la Seconde Guerre mondiale, puis reconstruit et aujourd'hui classé au patrimoine mondial de l'UNESCO, est à cet égard assez parlant.

Enfin, on ne peut pas envisager d'esquisser la silhouette d'une ville idéale sans parler de la banlieue.

Les villes de banlieue ont en effet connu un développement très important, basé sur le rêve d'accéder à la propriété d'une maison dans des zones parfois éloignées des centres-villes. Ces zones sont multiples, diverses : c'est aussi notre rôle de les faire connaître et de faire connaître leur histoire à travers la culture populaire et en particulier la télévision. En France, nous accusons un certain retard sur ce point – par rapport aux Américains, par exemple. L'industrie audiovisuelle devrait se saisir de ces espaces pour les raccrocher aux villes : l'intégration ne se fait pas qu'en termes d'infrastructures.

Je me souviens à cet égard d'un journal télévisé que l'on avait délocalisé dans une petite commune de l'Essonne dont on avait montré qu'elle était une ville clef dans la culture du cresson. L'initiative a l'air simple, mais elle n'est pas si fréquente. Or, mettre en valeur une ville pour ce qu'elle est, son histoire, ses talents, ses secrets, restitue une forme de fierté chez ses habitants. Là réside aussi le rôle de la télévision : dans la restitution de ce que sont profondément nos villes.

Faire exister les villes à la télévision : du Tour de France à Paris 2024

Cependant, pour fabriquer des villes inclusives, il ne suffit pas de les montrer : il faut raconter une histoire qui aille au-delà de la surface.

Si l'on prend l'exemple de la retransmission du Tour de France, que nous assurons fièrement à France Télévisions, elle est typique d'un divertissement fondé sur deux piliers : le plaisir du cyclisme bien sûr, mais aussi le récit que l'on bâtit autour de cette course magnifique à propos des lieux traversés, de l'histoire des villes et de leurs monuments. C'est un moment de fierté nationale et locale très important pour les villes-étapes qui, tout à coup, retrouvent une forme d'unité sociale au moment du passage du Tour. Cette course, cette boucle – l'image de la boucle est également en soi un beau symbole – est une manière de retisser du lien social avec les habitants sur place, mais aussi entre les téléspectateurs et une partie de leur pays. C'est un pari réussi, et peut-être aussi un exemple.

Dans un avenir proche, le groupe France Télévisions que j'ai l'honneur de diriger retransmettra les Jeux olympiques de Paris 2024. C'est un défi majeur et probablement l'un des événements télévisuels les plus importants de la décennie dans le paysage français. Or, notre souci, dans ce contexte, est bien celui de la restitution et de la représentation d'une ville, en l'occurrence Paris – mais pas seulement ! Ce que nous préparons, c'est de faire en sorte que chaque Français, où qu'il habite, se sente partie prenante des Jeux olympiques de Paris 2024.

Faire en sorte que Paris 2024 devienne « France 2024 » est un sujet en soi. Sur les chaînes du service public, c'est notre mission.

Nous allons bien sûr montrer et retransmettre ces trois semaines de Jeux, mais auparavant, il aura fallu aussi donner à voir le sport ailleurs, c'est-à-dire dans d'autres lieux. Quand la BBC a retransmis les Jeux olympiques de Londres 2012, de nombreux événements culturels ont été créés hors de la capitale, dans d'autres villes britanniques que celles qui accueillaient les Jeux. Il était intéressant de montrer comment cet événement a transformé Londres, et cela le sera sans doute tout autant de faire de même pour le Grand Paris avec les Jeux 2024. Il sera également passionnant pour nous de montrer que cette grande fête du sport ne concerne pas seulement les habitants d'Île-de-France et les voisins du village olympique. Elle aura des répercussions sur les autres Français et changera leur quotidien dans leurs villes pendant trois semaines. Comment partir d'un événement localisé pour recréer des événements ailleurs et faire participer tout le monde ? Voilà le défi de France Télévisions pour cette période.

Le Tour est à cet égard une formidable expérience formatrice pour nos équipes. Cet événement majeur pour notre maison et apprécié de tous représente aussi un énorme travail : imaginer le récit du Tour de France. Les images, les commentaires de Franck Ferrand… tout se prépare, s'anticipe. Dans les villes, sur les routes de France, nos équipes font des repérages sur le parcours, s'informent, essayent de retrouver les gens, les histoires et les monuments qui nous intéressent. Puis nous envoyons des drones pour filmer les bâtiments et capturer cette géographie si particulière des paysages français. Il s'agit à la fois d'un événement sportif dont nous rendons compte en le retransmettant, et d'une production de grande ampleur au plan du divertissement.

Car dès que l'on s'éloigne un peu du peloton ou de l'échappée, l'on ne raconte plus seulement la course mais tous les lieux qu'elle traverse. Chaque année, le *book* du Tour de France documente d'ailleurs cette traversée, consignant les informations de ce grand récit qu'est cet événement sportif : c'est une œuvre en quelque sorte géographique qui revient sur le détail de chaque église rencontrée sur le chemin, de chaque château, de chaque rivière, de chaque colline… Cette tradition ancienne doit être perpétuée. Là encore, il en va d'un moyen simple et populaire de rendre l'histoire sensible.

Après deux années de Covid où il a été difficile pour nos équipes de se déplacer normalement, nous allons pouvoir à nouveau voyager dans de bonnes conditions. Un peu à la manière d'un cirque ambulant, les équipes de France Télévisions retrouvent cette dimension du voyage, sentent les kilomètres parcourus dans leurs corps, se réapproprient la notion de distance… C'est tout cela que nous essayons de transmettre aux téléspectateurs.

La ville de tout le monde et la ville de chacun

Cependant, faire connaître et apprécier la richesse de nos villes n'est pas notre seul défi. Nous devons aussi représenter tout le monde.

En tant que chaîne du service public, nous adresser à toutes et à tous est peut-être l'une de nos spécificités. Ajoutons que la télévision a ceci de paradoxal qu'elle est considérée comme un média populaire, qui ne s'adresserait pas vraiment à ceux qui vivent dans des lieux luxueux au cœur des villes, alors qu'elle montre pourtant souvent les mêmes endroits.

En ce qui nous concerne, nous sommes très vigilants à ce que, dans nos divertissements comme dans nos fictions et dans tous les genres de nos programmes, nous soyons présents partout. Pour les fictions, un exemple concret est celui de la série policière des *Meurtres à…* qui change à chaque fois de ville. À travers ce procédé, elle devient un prétexte à découvrir un lieu nouveau, une industrie spécifique, un coin différent.

Nous sommes aussi très implantés en régions et dans les outre-mer. Cet ancrage se ressent également très concrètement dans notre organisation des ressources humaines, car plus de la moitié des équipes de France Télévisions vivent en régions ou dans les outre-mer. Ainsi, si le centre est à Paris, le poids du corps se situe plutôt en régions. C'est d'ailleurs là, dans ces villes petites et moyennes, que beaucoup de programmes régionaux se développent : des émissions en langues régionales, des magazines qui ne parlent que d'une région et qui ne sont diffusés que dans une région, etc.

Ce qui nous intéresse est donc d'avoir une représentation juste de la totalité de la France et de l'endroit où les gens vivent, que les téléspectateurs puissent se reconnaître quand ils regardent la télévision. Nous avons vingt-quatre éditions régionales tous les jours, midi et soir, qui parlent de ce qu'il se passe dans chaque région. Ces magazines régionaux, ces documentaires, font la richesse du service public : nous y sommes particulièrement attachés. Nous pourrions mentionner en outre les neuf chaînes ultramarines dans les territoires d'outre-mer, qui parlent de ce qui se passe en Nouvelle-Calédonie, à la Réunion, etc. Cet ancrage est très particulier et très fort, et nous le renforçons encore.

N'ayons pas peur des mots : la télévision est marquée par un biais de classe. Lorsqu'on fait partie des classes dirigeantes ou de « l'élite », on en a une vision qui n'est pas tout à fait juste. Dans les hautes sphères, la télévision n'a jamais été perçue comme un média de valeur. Quand on demande aux gens s'ils la regardent, la première réponse réflexe est non – seuls les programmes chic ou les chaînes comme Arte semblent être socialement acceptables dans ces milieux. Or, on sait que les gens regardent la télévision en moyenne trois heures et quarante minutes par jour.

Ce que nous dit cette réalité, c'est donc bien que la télévision est une forme de lien social pour une grande partie de la population. Or, en France, plus de 10 millions de personnes vivent seules. Pour elles, l'émission qu'elles retrouvent tous les jours à 14 heures sur France 2 ou France 3 sera peut-être le seul rendez-vous qu'elles auront avec quelqu'un – l'animateur ou l'animatrice – dans leur journée. La télévision est donc plus qu'un divertissement : elle remplit une fonction, elle comble un vide qu'on ne sait bien souvent plus remplir autrement. De nombreuses familles sont aujourd'hui plutôt mononucléaires, parce que les villages se dépeuplent ou que les grandes villes ne remplissent pas cette fonction. Dans ce contexte, la télévision apparaît comme une forme de soutien à une certaine socialisation, nécessaire à n'importe quel être humain.

Une telle situation n'est pas idéale, et il est important que nous soyons là pour les personnes qui vivent seules et pour celles qui n'ont pas accès à Internet.

Rappelons que 20 % de nos téléspectateurs n'ont accès à la télévision que par la TNT et que de nombreux foyers, notamment modestes, ne disposent toujours pas d'Internet, pour des raisons soit géographiques de non-accès à la fibre ou à l'ADSL, soit économiques – car il faut avoir des moyens pour posséder un ordinateur et des téléphones connectés à un réseau avec un abonnement payant. Même s'il faut payer la redevance, la télévision reste finalement le lien social le moins cher pour les ménages les plus modestes. Elle porte une forme d'universel, et je me bats pour qu'elle garde ce rôle.

Pour mériter de représenter les gens, nous nous devons d'être attentifs à la juste représentation de tous, des hommes et des femmes, des ménages tant modestes qu'aisés, de toutes les origines géographiques, sociales, en reflet à la grande diversité qui est la nôtre aujourd'hui en France. C'est ce qu'attendent les téléspectateurs, c'est ce qu'attend de nous la société en général.

Une ville idéale ouverte sur le monde… mais où l'on connaît ses voisins

D'une certaine manière, la mondialisation n'a fait que renforcer le besoin d'ancrage local, et là encore, les villes ont à jouer le premier rôle.

Renforcer la dimension locale ne signifie évidemment pas qu'il faut parler uniquement de ce qu'il y a autour de chacun des téléspectateurs. Cela veut dire qu'en plus du grand contexte de l'actualité et des connaissances sur le monde, ils ont aussi besoin de mieux appréhender ce qu'il se passe à côté d'eux.

Nous venons de lancer avec Radio France une nouvelle marque et un nouveau concept, « ICI » par France Bleu et France 3. L'idée en est simple mais formidablement innovante : donner à chacun, *via* une application et un site, tous les éléments d'informations d'actualités et de services qui se passent dans un rayon de cinquante kilomètres autour de chez soi. À l'ère des réseaux globaux et de l'uniformisation généralisée de l'information, c'est une petite révolution.

Ce besoin de savoir ce qu'il se passe dans sa réelle proximité, dans sa zone de vie, est en train de se faire de plus en plus entendre. Plus nous parlons de ce qu'il se passe en Chine, plus nous voulons en même temps savoir ce qu'il se passe dans la rue d'à côté. Tout se tient. C'est notre ancrage qui nous permet d'aborder le reste du monde. Si l'on ne sait pas où l'on habite et si l'on ignore ce qu'il se passe autour de chez soi, comment se projeter dans un avenir positif et dans le monde dans son ensemble ?

Cette dialectique du recentrage vers nos cœurs de ville tout en ouvrant sur le reste du monde est aussi très présente dans nos fictions. Nous en produisons un très grand nombre tous les ans puisque plus de 55 % de la fiction française est éditée et mise à l'antenne par France Télévisions. Compte tenu de ce volume, le sujet n'a rien de simple. Il illustre d'abord de notre part une volonté de diversifier au maximum notre offre autour notamment des feuilletons quotidiens comme *Plus belle la vie* ou *Un si grand soleil*, qui sont très ancrés dans des réalités locales – Marseille, Montpellier – et qui ont des impacts importants sur l'économie locale. *Un si grand soleil*, que nous avons créé à Montpellier, a apporté une connaissance de la ville et des environs et une activité économique phénoménales.

Cependant, au-delà de ces fictions quotidiennes, qui sont « industrielles », nous produisons un éventail de contenus qui mettent en valeur des villes. Je pense notamment à la série des *Meurtres à...* sur France 3, dont j'ai déjà parlé plus haut. Là encore, la fiction policière n'est bien souvent qu'un prétexte pour découvrir une ville, une région. Ainsi, *Menace sur Kermadec* a réalisé une très grande audience, certainement aussi parce qu'on y parlait de la Bretagne !

Après la pandémie, une télévision vraiment représentative de nos villes

Comme indiqué précédemment, chez France Télévisions, nous sommes également très investis dans la juste représentation des hommes et des femmes, et de toutes les diversités. C'est à ce titre que nous avons décidé de lancer par exemple la collection « Les Audacieuses », pour parler des femmes qui ont marqué la société à des degrés divers, de Brigitte Bardot à Alice Guy, la première réalisatrice de cinéma. Procéder par collection nous permet non seulement de bâtir un catalogue d'archives, mais aussi de donner une impulsion dans un sens en nous installant à l'avant-garde.

Cependant, nos fictions – c'est un point clef pour nous – abordent également frontalement des sujets de société particulièrement difficiles : on pense aux violences faites aux femmes, à la procréation médicalement assistée (PMA), à la gestation pour autrui (GPA)... Il est crucial que ce dont débat la société se retrouve sur les écrans. Ces sujets sont portés par des fictions ou des documentaires qui servent de prétexte et de moteur pour pouvoir ensuite en débattre sur un plateau avec plusieurs personnes dans une deuxième partie de l'émission.

Comme tous les secteurs, la récente crise sanitaire et le confinement ont bouleversé ces impératifs de représentation de nos vies citadines – et non citadines – à la télévision.

Face à cette crise et au vide que la fermeture des villes provoquait dans les imaginaires collectifs, nous avons réagi de plusieurs manières.

Nous avons d'abord eu à cœur de donner l'information la plus précise possible, suivie par des millions de téléspectateurs tous les soirs. En prise directe avec ce qu'il se passait dans le pays, nous sentions qu'était en train de s'installer dans nos villes une atmosphère d'angoisse : pendant le premier confinement, nos éditions d'information ne pouvaient pas minimiser ce sentiment – car elles diffusaient l'état inquiétant de la situation –, mais nous avons décidé d'avoir aussi un impact positif, d'apporter un peu de soulagement.

C'est ainsi que nous avons programmé des films de cinéma, des comédies familiales qui appartiennent au patrimoine français de l'audiovisuel, pour les familles confinées. Ces classiques étaient diffusés juste après le journal de 13 heures, et ce moment a été incroyable : de nombreux téléspectateurs ont regardé chaque jour le film programmé à 14 heures sur France 2.

Nous avons aussi ressenti le besoin de nous adapter à l'urgence en fonction des confinements. Pendant le premier confinement, l'urgence était l'école : les parents se sont retrouvés seuls avec leurs enfants – parfois dans de petits appartements – à devoir faire l'école à la maison. Pour beaucoup, cela posait des problèmes matériels très clairs. Nous avons donc adapté nos antennes et, en l'espace de quatre jours, décidé de mettre à l'écran sur le canal 14 des cours de différentes matières et de divers niveaux, à la fois afin que les enfants aient de vrais cours avec de vrais professeurs à la télévision, et pour soulager les parents. Ces derniers ont envoyé de nombreux messages de remerciements : ils étaient effectivement soulagés. À travers cette initiative et alors que les villes étaient verrouillées, nous avons touché un million d'enfants par jour pendant cette période, en partenariat avec le ministère de l'Éducation nationale. Par temps exceptionnels, pouvoir être en appui, certes imparfait, d'une réalité bouleversée dans nos vies en villes est une force de la télévision.

Plus tard, pendant le confinement de 2021, l'enjeu a été l'accès à la culture alors que tous les théâtres étaient fermés et que toute vie culturelle semblait à l'arrêt. En quelques semaines, nous avons lancé la chaîne CultureBox, où ont été programmés des spectacles vivants – théâtre, opéra, stand-up, musique –, avec une émission quotidienne à 20 heures pour créer un lieu de rencontres entre les artistes et le public.

Cette initiative a également été incroyablement bien reçue alors que les lieux de culture étaient eux aussi confinés. Partout en France, les téléspectateurs nous ont remerciés et nous ont fait part de leurs découvertes et de leurs goûts. Cette expérience est l'une des leçons de la pandémie : elle se poursuit aujourd'hui, alors qu'elle devait être éphémère à l'origine, puisque l'on a fait perdurer cette chaîne à partir de 20 heures tous les soirs sur le canal 14. Nous continuons à accueillir des artistes très divers que l'on ne voit pas forcément habituellement dans les grands *shows* télévisés.

Encore une fois, cela dit bien la force et la complémentarité de la télévision dans nos vies. C'est parce que nous avions une longue expérience de travail de terrain, au plus près des réalités quotidiennes, y compris dans les villes petites et moyennes, que nous avons pu mettre en place des programmes qui répondaient aussi bien aux attentes d'une société déboussolée. Cette crise a évidemment été une épreuve, mais elle a également témoigné de la remarquable solidité du modèle télévisuel de service public.

Refaire quartier

Certains trouveront que le parallèle entre la fonction des villes et celle de la télévision est forcé. Il n'est pas question, sans doute, de les mettre sur le même plan en tout point. Néanmoins, toutes deux ont ceci en commun qu'*elles nous rapprochent.*

La télévision – comme les salles obscures ou celles qui accueillent les spectacles en centre-ville, et contrairement à Internet ou aux plateformes de vidéo à la demande (VOD) –, c'est regarder ensemble, en même temps, partager avec les autres une expérience en commun. Regarder un match de football au café, c'est partager le plaisir d'être ensemble. La retransmission de Paris 2024 sera également une grande fête collective, j'en suis persuadée.

Pourtant, cela n'est possible que si des gens sont implantés dans le quartier, s'ils y vivent, s'ils connaissent et reconnaissent leurs voisins. Faire quartier, faire communauté, est bien plus difficile quand les commerces deviennent impersonnels et que les rues ne sont sillonnées que par des livreurs Amazon ou Uber Eats : personne ne veut entrer dans cette dystopie. Les liens noués au plus près, loin des chaînes et des franchises, sont beaucoup plus précis, plus intimes. C'est à partir de ces liens humains, tissés et retissés dans l'histoire de nos villes, que nous essayons de dessiner une programmation télévisuelle vraiment représentative de cette diversité.

À Paris, on distingue immédiatement les touristes des habitants. En effet, les premiers ne prennent pas possession des rues à toutes les heures du jour : le matin, seuls les seconds circulent. Je prends cet exemple parce qu'on dit souvent que dans les villes globales, c'est la présence des touristes ou des personnes de passage qui serait gênante. C'est faux. Si la vie de quartier existe et est bien installée, c'est elle qui donne le *la*, qui rythme la vie en ville. L'échelle locale est donc la clef pour faire entrer nos villes mondiales dans le monde de demain.

Ainsi, pour créer une ville idéale, je pense, en m'appuyant sur mon expérience à la tête du groupe de chaînes du service public, que nous devons repenser ces lieux de rencontres et d'interactions avec cette seule boussole : le local.

Dans mon secteur, c'est la mission que nous nous sommes donnée et qui s'est avérée être un formidable vecteur. Ce n'est pas le seul, mais il est important. Il en faudra d'autres pour que nous retrouvions petit à petit le sens du vivre ensemble – même en grand nombre.

2

*

Construire ensemble de grandes choses

JULIE GAYET

Actrice, productrice de cinéma et réalisatrice française

Actrice, productrice, réalisatrice et femme engagée en faveur de plusieurs causes, Julie Gayet a créé la maison de production Rouge International avec Nadia Turincev. Parisienne depuis longtemps, c'est à partir de son expérience de mère dans la capitale que Julie Gayet développe sa vision de la ville idéale : une cité bienveillante, durable et qui favorise le collectif.

* * *

Je voudrais parler de Paris, mais je parlerai peut-être d'autres villes.

Car ma ville idéale est un mélange des cités – ou des tranches de cités – qui existent, et des rêves de cités qui n'existent pas encore. Elle est large, bouillonnante, durable, mais aussi étroite, intime et respectueuse.

Elle superpose différentes fonctions, diverses classes sociales. Elle est belle, bien sûr, comme Paris – et comme toutes ces villes traversées par des fleuves où les rayons du soleil se reflètent dans l'eau. Elle est ouverte sur le monde tout en nous étant proche et familière...

Enfant, j'habitais en banlieue, de l'autre côté du périphérique, dans ce que je voyais comme un petit village, entre quatre rues. Nous n'allions d'ailleurs pas souvent à Paris. Il y avait comme deux mondes séparés. Les murs n'étaient ni visibles ni oppressants, mais ils existaient. Dans nos métiers du spectacle, les mêmes murs se dressaient entre le cinéma, la télévision, le théâtre... Ces *a priori* que l'on ne franchissait pas.

Lorsque je suis arrivée à Paris à l'âge de 15 ans, j'avais l'impression de venir de province, de passer du village à la grande ville. Ce fut le début d'une nouvelle vie.

Voir les villes d'en haut

Au début, je me perdais dans ce Paris que je ne connaissais pas du tout. À l'époque, nous n'avions pas encore les incroyables applications qui rythment notre quotidien aujourd'hui et qui nous permettent de voir les villes d'en haut, comme des oiseaux intelligents. On oublie combien pouvoir visualiser des lieux avant de s'y rendre est révolutionnaire. Très vite, j'ai eu besoin de retrouver dans Paris ce côté village. Paris est constitué de quartiers ayant chacun ses codes, son milieu social, ses habitants – qui restent toujours un peu entre eux selon les arrondissements. Sans trop me l'expliquer, je suis allée vers un quartier qui était beaucoup plus populaire qu'aujourd'hui, le 11e arrondissement. C'est là que je suis devenue indépendante.

Puis, petit à petit, j'ai migré un peu plus au nord, vers le cimetière du Père-Lachaise, qui est encore pour moi un lieu fétiche.

La présence des cimetières dans les villes est importante : ce sont des lieux de mémoire, des lieux où l'on peut se promener et sentir les couches du temps, des lieux où le passé se réinvente dans le présent et où, pourtant, le temps semble suspendu. J'aime y flâner. Dans nos vies agitées et pressées par le rythme que peut parfois imposer la ville, le cimetière est un endroit qui nous projette tout à coup hors du temps – et c'est une sensation assez indescriptible, tout à la fois nécessaire et rare dans l'espace urbain, où le temps se régénère. Il permet de porter un autre regard sur nos vies, de prendre du recul, de nous abandonner à faire un petit « pas de côté », mais au bon sens du terme – un peu comme un bateau qui, par beau temps, se laisse dériver jusqu'au rivage.

Au milieu coule une rivière

De Paris, j'aime surtout la Seine, qui est peut-être sa plus belle avenue. Toutes les villes traversées par une rivière baignent dans cette lumière particulière, que l'on sent diffuse, changeante au fil de la journée. Même si les meilleurs moments pour l'observer sont le soir et le matin, quand la lumière du soleil s'éloigne et se rapproche de son reflet sur l'eau, elle permet elle aussi un moment de respiration dans la ville.

Si je devais trouver un point commun à toutes les villes que j'aime, ce serait cette présence de l'eau qui les traverse – de Landerneau, d'où vient ma famille et que j'ai retrouvée récemment, à Tulle, où j'ai épousé une autre vie… en passant par Rome, si marquée par le Tibre.

Ce monde de l'eau est aussi un autre pas de côté sur la ville. C'est une autre ville dans la ville. Et dire que la

Seine est une avenue et que les canaux sont des boulevards n'est pas une métaphore vide : que l'on pense aux péniches, où vivent des Parisiennes et des Parisiens, au petit port qui se trouve derrière la place de la Bastille, ou à ces barges qui se sont transformées en café, en bar ou en restaurant et qui sont devenues pleinement des lieux de vie urbains. De nombreux habitants de la capitale ne connaissent pas cet autre monde – ou n'y font simplement plus attention. Qui sait que l'on peut prendre un bateau et passer sous la place de la Bastille pour remonter les canaux jusqu'au bassin de la Villette ? Il s'agit de l'axe, partant de la Seine, qui va du port de plaisance de l'Arsenal au bassin de la Villette, typique de cette superposition vertueuse : c'est le tracé du canal Saint-Martin, qui tantôt adopte sa forme de canal – pour le plus grand bonheur des habitants des quais de Jemmapes ou de Valmy –, tantôt se drape en large artère animée au-dessus de l'eau, dessinant cette silhouette particulière des boulevards Richard-Lenoir et Jules-Ferry. J'aime ces mondes juxtaposés, cette cospatialité entre différents environnements.

Paris présente aussi la spécificité d'être une ville touristique, avec ces lieux de visites où l'on se sent ailleurs. J'aime ses quartiers touristiques. Même si cela peut paraître quelque peu étrange puisque je vis à Paris depuis tant d'années, me rendre à la tour Eiffel me mêler aux touristes et monter les marches jusqu'au deuxième étage fait partie des choses que j'aime réaliser sur un coup de tête. C'est un autre pas de côté que d'être étranger dans sa ville, se dire que l'on peut monter, descendre… Cependant, cela peut aussi être le Sacré-Cœur, un lieu aujourd'hui extrêmement touristique mais qui permet d'avoir une vision d'en haut, de changer de point de vue !

Au-delà du cadre, vivre à Paris nous permet de réfléchir constamment à la notion même de ville et à ce que nous en attendons. La ville idéale ne peut plus être construite comme autrefois avec un poumon unique, un centre névralgique hyperactif économiquement, et autour, des quartiers résidentiels déserts et sans âme. Ce que l'on attend de sa ville, c'est qu'il y ait un peu de tout au même endroit : le travail, les commerces et l'école ! Je ne peux penser à ma ville idéale autrement qu'à partir de l'expérience qui a été la mienne comme maman à Paris, avec deux enfants.

De nombreuses grandes villes américaines sont d'ailleurs construites sur ce modèle éclaté, avec une séparation entre le centre d'affaires, le quartier résidentiel et le centre culturel, et je ne pense pas que ce sont là des villes idéales. Fort heureusement, Paris n'a pas été bâtie ainsi. En Europe, nos villes sont majoritairement construites autour de quartiers, c'est-à-dire d'unités de temps et de lieu pertinentes à un moment donné pour une communauté. L'architecture en est immédiatement reconnaissable, même si elle ne présente pas que des avantages : l'échelle du quartier peut aussi être celle de la ségrégation sociale, rangeant par la force des choses les riches avec les riches et les pauvres avec les pauvres. Cette tendance se retrouve un peu à Paris, mais elle demeure tempérée par une certaine mixité – même si, bien sûr, certains quartiers sont plus riches que d'autres.

Il faut composer avec cette réalité d'une ville en quartiers pouvant être traversés de manière apaisée et tranquille si l'on veut prendre véritablement au sérieux l'ambition d'une ville idéale. Il faut penser une ville bienveillante, en particulier pour les femmes. Je suis très sensible à la question de l'espace public pour les femmes, et même s'il est également bon de voir les étoiles, l'éclairage, qui pourra être solaire, est nécessaire pour y assurer leur sécurité.

L'idée de bienveillance doit être au cœur de la ville de demain et d'un urbanisme qui prenne bien plus en compte la place des femmes dans les espaces partagés. Faire toujours attention, vérifier sans cesse que l'on n'est pas suivie en poussant une porte pour entrer sous un porche, ne pas prendre le RER ou le métro après une certaine heure, ne pas aller dans les quartiers mal éclairés, ne pas se retrouver seule sur les grandes esplanades… *Ne pas, ne pas, ne pas.* Voilà un peu trop de précautions dont nous devrions nous passer. Cette réflexion est à peine entamée aujourd'hui.

Une mère et une citadine

Une situation m'a frappée au cours d'un séjour en Argentine. Au fond d'un grand café analogue à certaines brasseries parisiennes se trouvait un espace fermé en verre contenant des jeux d'enfants et des piscines à balles : une personne y surveillait les petits qui jouaient pendant que les mères prenaient un café entre amies. J'y ai vu une logique inverse à celle de la France. Dans nos grandes villes comme Paris, nous recevons le message implicite que les enfants ne sont pas les bienvenus dans les cafés. À Buenos Aires, celui adressé aux mères était opposé : « Offrez-vous un moment de détente entre amies sans culpabiliser pour vos enfants. » Tellement plus conforme à la réalité de la vie d'une mère ! À Paris, tout se passe comme si on savait que les enfants font partie de la vie des femmes mais qu'il ne faut pas que cela gêne... Absurde ! Toutes les mères parisiennes le disent : lorsqu'on choisit de prendre un taxi parce que le métro et ses escaliers sont impraticables en poussette, les chauffeurs refusent souvent de s'arrêter quand ils voient des enfants. Les enfants et la place qu'ils occupent dans nos vies sont en définitive exclus du tableau. Ils ne font même pas partie de la réflexion dans la construction de la plupart des lieux. Lorsqu'on y pense, il est mystérieux que l'on accepte de vivre dans des villes qui laissent si peu de place à ceux qui sont notre futur.

Pour ma part, j'ai toujours essayé de tout faire ensemble : mon métier d'actrice, mon activité de mère, ma vie personnelle avec mes amies, etc. En conséquence, dans la ville idéale, on peut tout faire, pas forcément *en même temps* mais dans des temporalités qui ne sont pas contradictoires. C'est une ville où les diverses facettes de nos vies – professionnelle, femme, mère – communiquent entre elles.

De beaux exemples de solidarité existent pour autant et prouvent qu'il est possible de tout mailler.

Respectueuse et responsable

Ma ville idéale serait aussi une ville qui communiquerait et qui comprendrait des espaces verts. Nous pourrions utiliser les toits des immeubles pour y implanter des jardins, et imaginer des passerelles pour aller d'un endroit à un autre. Cela peut paraître extravagant… Pourtant, c'est le paysage de nos villes qui nous incite à les réinventer constamment, avec un réseau urbain qui ne sacrifie rien à la densité, mais où nous construisons collectivement une capacité à jouer avec la nature à travers des espaces verts sur les toits. Les cimetières, que j'évoquais, constituent un exemple assez formidable de ces lieux : ils font office de poumons dans les villes, même si telle n'est évidemment pas leur fonction première.

Plutôt que de construire des tours qui ombragent, nous pourrions réintroduire des espaces pour la nature. Nous avons beaucoup de leçons à tirer de Manhattan. En effet, si Central Park était un bon exemple d'espace vert, la construction des gratte-ciel résidentiels très fins et très hauts à l'entrée du parc est en train de causer des effets délétères sur la faune et la flore. Toute l'absurdité de la démarche peut être mesurée si l'on pense en plus que ces *buildings* sont là uniquement au titre d'investissements immobiliers pour une minorité d'ultrariches qui n'y habiteront probablement pas, ou qui y résideront seulement quelques jours dans l'année.

Il faudrait, à l'avenir, être beaucoup plus attentif et responsable vis-à-vis de la nature qui existe dans nos villes et de celle qui s'y développe. Comme nous l'avons vu lors du premier confinement, la nature reprend vite sa place lorsqu'elle le peut… Il faut s'efforcer de suivre le rythme naturel des choses, respecter le désordre apparent des villes – car il cache en fait un ordre humain bien plus primordial. C'est pourquoi j'ai beaucoup de mal avec ces villes nouvelles en béton, sorties de terre à partir de rien et où l'ordre imposé a été inventé de toutes pièces dans un cabinet d'urbaniste. Selon moi, ces espaces appartiennent au passé.

Aujourd'hui, et demain, il nous faudra vivre dans des villes plus responsables, en commençant par questionner notre rapport à l'énergie que nous utilisons pour les faire « fonctionner ».

Il y a quelque temps, j'ai eu l'occasion de travailler sur une proposition de lieu innovant, qu'il me semble pertinent d'évoquer dans le cadre d'une réflexion sur la ville idéale dans ce monde postpandémique rattrapé par l'urgence climatique.

Ce lieu aurait eu pour vocation de devenir une « Centrale de l'animation » et n'aurait diffusé que du cinéma d'animation. Il aurait fonctionné sur le principe d'un cinéma d'art et d'essai où se seraient mélangés nouveautés, cycles de rétrospectives, cartes blanches, etc. Ce lieu serait également conçu pour recevoir les dessinateurs et les jeunes créateurs dans un espace de coworking avec une agora et une librairie dotée d'un coin dédié à la lecture de bandes dessinées, de mangas…

La spécificité de cette « Centrale de l'animation » résidait dans le lieu où nous l'avions imaginée : la sous-station Voltaire, l'une des trente-six « sous-stations » électriques dont Paris s'était dotée pour faire face à la demande croissante de ses habitants en électricité. En effet, l'invention du cinéma – il est né à la fin du XIXe siècle, mais les premières pratiques sont liées à l'animation d'images avec « la lanterne magique », et il a fallu attendre 1891 pour voir apparaître le premier brevet portant sur l'animation d'images photographiques – et la diffusion de l'électricité sont contemporaines. L'implantation d'un centre de cinéma d'animation dans un tel lieu, situé à deux pas de la République, dans ce 11e arrondissement auquel je suis si attachée, était donc chargée de symbolique et de sens. Il nous semblait intéressant non seulement d'en faire un espace de culture lié au cinéma – indissociable de la lumière – mais aussi de jouer avec la fonction première de l'endroit : produire de l'énergie.

Nous avions envisagé d'y entreposer au sous-sol des « fermes de rendu » (*render farms* en anglais), c'est-à-dire des ensembles de serveurs très puissants utilisés dans le cinéma d'animation ou les effets spéciaux pour pouvoir « rendre » des images de synthèse beaucoup plus rapidement qu'avec des ordinateurs individuels. Non seulement ces « fermes » auraient servi concrètement au travail des artistes et des créateurs en résidence, mais elles auraient également fourni de l'électricité aux salles de cinéma, et permis d'alimenter un système de climatisation et de chauffage du lieu grâce à l'énergie dégagée par les serveurs, dans une ville où il fait de plus en plus chaud l'été.

Finalement, ce lieu devait être comme une ruche : on aurait pu y travailler, y bouquiner, y regarder des films en famille, ou bien y manger sur le toit – on y avait même imaginé un potager… Sans entrer dans le détail de toutes les possibilités et facilités qu'il offrait en termes culturels dans l'univers du cinéma d'animation, j'aimais surtout sa dimension écoresponsable, autonome et innovante, sans compter qu'il constituait un bon exemple des synergies envisageables aujourd'hui. Ce projet, qui n'a finalement pas été retenu, dit bien l'importance de la réflexion qui doit être la nôtre autour de l'énergie et de notre consommation dans la ville.

La guerre ignoble lancée contre l'Ukraine par un pays dont nous sommes dépendants énergétiquement en Europe nous force à nous poser ces questions avec une nouvelle urgence.

Refaire des places

Paris est une ville de culture et, après la crise liée à la Covid, les lieux comme les cinémas doivent se réinventer. Ils ont déjà commencé à le faire. Je ne pense pas qu'il y a vingt ans, nous aurions imaginé aller voir des opéras au cinéma. Cependant, cette crise, advenue à une époque où, dans la plupart des foyers équipés d'Internet, chacun peut regarder des séries sur les plateformes ou des films en streaming, a montré que le cinéma – et l'art plus généralement – est tout autant un contenu qu'une expérience collective, et que les villes sont l'épicentre de la manière selon laquelle cette culture dite de masse est individuellement appréhendée par chacun. Car que va-t-on chercher dans une salle obscure alors qu'on pourrait regarder le même film chez soi ? Je crois qu'on y entre probablement un peu pour les mêmes raisons que celles qui nous poussent à nous installer dans une ville, au sein d'un quartier animé : on cherche à ne pas être seuls… pour découvrir une œuvre d'art et vibrer ensemble. Peu importe que j'aie ou non une longue conversation avec des inconnus après un film : le simple fait de savoir que j'ai partagé ce moment contribue déjà à lui donner une autre forme. Si je regarde un film chez moi, je me souviens du film ; au cinéma, je me souviens du *moment* où j'ai regardé ce film. Après le traumatisme de la pandémie, il nous faut redevenir sensibles à cette différence et la prendre en compte dans notre compréhension des espaces urbains où nous vivons.

Redonner à la ville sa fonction première, en faire un lieu où l'on se retrouve, pour ne pas rester chacun chez soi, est une clef.

Comme nous l'avions imaginé avec la « Centrale de l'animation » de la sous-station Voltaire, il faut réinventer la ville à partir de ses lieux emblématiques pour en faire des agoras, des espaces où se réalisent des rencontres qui n'auraient pas forcément pu avoir lieu. À l'heure des réseaux sociaux qui nous emprisonnent parfois dans des logiques de solitude, il y a un besoin universel dans les villes de créer des plateformes réelles, où l'on peut se retrouver. C'est un peu contre-intuitif et déstabilisant, car on pensait que la ville assumait déjà cette fonction. Force est de constater qu'aujourd'hui, il faut la réinventer. Il faut refaire de nos places des lieux où l'on se retrouve vraiment. J'exerce mon métier pour rassembler les gens, pour que l'art, le spectacle, le cinéma, soient des moments de retrouvailles. Le potentiel d'une ville comme Paris est immense : notre capitale pourrait devenir une ville idéale.

Dans un Paris idéal

À la suite de Walter Benjamin, qui avait fait des passages commerciaux du centre de Paris les signes de la modernité de cette ville, la capitale française a souvent été associée à cette dimension traversante, qui va de la grande avenue à la ruelle préhaussmannienne – une hétérogénéité qui explique parfois le cauchemar des automobilistes non préparés… Je trouve toujours pertinent de prêter attention aux passages, qui appartiennent à l'histoire de cette grande ville, mais ils ne devraient plus être couverts ou souterrains comme les couloirs du métro.

Enfin, pour que la ville bienveillante fonctionne, il faut qu'elle soit à taille humaine, d'où l'idée d'une définition par quartier. Cependant, les quartiers ne peuvent pas n'avoir qu'une couleur : chacun d'eux doit pouvoir réunir un ensemble d'activités.

Il y a plusieurs années, j'ai participé à un film qui se passait dans la ville québécoise de Baie-Comeau, un lieu très reculé : à la sortie de Québec, plein nord, on roule jusqu'à ce qu'il n'y ait plus qu'une route avec un *McDonald's* sur le bord, rien d'autre. Au bout de cette traversée, on arrive dans une petite ville résidentielle à l'atmosphère étrange et envoûtante, où se trouvent de belles maisons en bois, mais qui est dépourvue de centre. Lorsqu'on demande où est le café du coin, la réponse est : « C'est au *McDonald's* ! » En d'autres termes, il fallait sortir de la ville en voiture pour aller au café avec ses amis. Cela m'avait désespérée. Nous devons préserver nos places et nos centres-villes !

Je veux croire que ce modèle – que l'on trouve souvent en Amérique du Nord mais aussi parfois en Europe – appartient au passé. Désormais, nous entrons dans un moment où nous aspirons collectivement à un autre mode de vie.

Demain, nos villes idéales ne seront plus, je l'espère, purement fonctionnelles… Elles préserveront leur âme en rendant agréables des lieux que nous sommes obligés de partager, et elles nous pousseront à construire ensemble de grandes choses.

3

*

Le théâtre pour faire respirer la ville

MURIEL MAYETTE-HOLTZ
Directrice du Théâtre National de Nice

Muriel Mayette-Holtz est directrice du Théâtre National de Nice (TNN), ville où elle a choisi de venir s'installer après avoir dirigé la Villa Médicis à Rome. Les cités du Sud, ensoleillées et où l'extérieur et les jardins permettent déambulations et rencontres, ont changé son rapport à la ville. Au TNN, elle s'efforce de remettre le théâtre là où il a toujours été : au cœur de cette ville qu'il peut contribuer à rendre idéale.

* * *

Par définition, il n'existe pas de ville idéale. Toutes ont leurs défauts, leurs particularités. L'intérêt des villes vient même peut-être précisément de ce qu'elles ne sont jamais idéales. Elles peuvent nous décevoir, nous frustrer, nous faire perdre la tête, tout comme elles peuvent nous combler de bonheur. Centres du bouillonnement des sociétés humaines, elles sont à leur image : imprévisibles.

Choisit-on les villes que l'on connaîtra ? Ou se laisse-t-on choisir par elles ?

Pour ma part, je n'avais pas forcément prévu lesquelles seraient « mes villes idéales ». Pourtant, je peux dire que les villes qui m'ont forgée sont des capitales exceptionnelles : Paris, puis Rome. Aujourd'hui, cependant, je dois l'avouer, Nice est – un peu – ma ville idéale. Pourquoi ? Qu'est-ce qui me plaît tant chez elle que je n'ai pas trouvé ailleurs ?

Nice, extérieur jour

Peut-être s'agit-il d'un trait que j'ai déjà rencontré à Rome et que je pourrais résumer en un simple mot : l'ouverture.

Par ouverture, j'entends non pas uniquement le sens métaphorique d'une ville ouverte sur le monde et sur l'étranger, mais une ouverture presque physique, de l'intérieur sur l'extérieur. Dans les villes du Sud, la clémence du temps permet d'ouvrir longtemps les fenêtres des appartements, de se déplacer en marchant, de déambuler dans les rues, sous le soleil, en cherchant l'ombre des pierres épaisses ou la fraîcheur de la terrasse d'un café.

C'est en partie pour cela que mon expérience à Rome, où j'ai été directrice de la Villa Médicis pendant plusieurs années, a été particulièrement importante. Pouvoir être en ville et à l'extérieur en même temps peut paraître simple. C'est sans doute évident pour les citadins du Midi qui n'ont connu que cela. Pourtant, c'est en Italie que j'ai découvert que cela me manquait. Moi qui avais vécu tant d'années en banlieue parisienne, je connaissais ces villes-mondes où l'on sort dans un but précis et que l'on parcourt en métro sous la terre ou dans les coques d'acier des voitures. À Rome, la découverte de ce que recelait l'extérieur des villes et de ce qu'elles permettaient en matière de rencontres impromptues m'a saisie. J'ai découvert que vivre en extérieur nous place dans un contexte de métissage et de rencontres possibles, un paysage d'opportunités et de surprises.

L'autre raison principale de mon amour pour ces villes est la beauté. Une beauté objective, au sens où elle fait du bien à tout le monde. Une beauté qui n'est pas attachée à la dimension époustouflante, mais qui a le charme d'un cadre. Pour être viables et humaines, les villes doivent être les écrins de la chaleur humaine. Dans le même temps, l'ouverture sur le monde et sur les autres est elle-même une condition pour l'émergence de cette beauté : ma ville idéale doit épouser ce cercle vertueux.

La culture au cœur des villes

Cependant, la ville idéale doit aussi faire la part belle à la culture, et pas uniquement la culture en tant que résultat de productions créatives et artistiques, mais aussi comme disponibilité à l'autre, comme possibilité d'un chemin de traverse, d'une pause dans nos vies, d'une *autre chose* qui vient les compléter. Vivre dans des villes qui permettent un tel glissement, c'est bien davantage que simplement y demeurer : c'est y habiter réellement. Pouvoir faire ce pas de côté est une chance que cette ville idéale que j'esquisse, inspirée de l'exemple niçois, doit pouvoir offrir.

Car avant de proposer une offre culturelle – un autre essentiel, évidemment, sur lequel nous reviendrons –, une ville qui sait organiser harmonieusement des occasions de rencontres humaines et de partage remplit déjà clairement, sans forcément le rendre explicite pour autant, un besoin tout aussi essentiel.

Oui, la culture commence par la conversation. À Nice, à Rome ou dans d'autres villes méditerranéennes, il est loisible de rencontrer des gens de milieux très différents et qui ont mille histoires différentes à raconter. C'est une chance rare et un privilège par rapport à des villes où les rencontres sont cloisonnées, conditionnées par le lieu où l'on vit ou les cercles que l'on fréquente. Dans ces villes, il semble impossible de sortir, de découvrir d'autres réalités, ou de rêver à d'autres vies que la sienne.

Il s'agit donc de privilégier tous les canaux possibles qui puissent favoriser le dialogue et le partage culturel. Tout le paradoxe de la bonne ville réside en cela qu'elle doit être fonctionnelle tout en ne l'étant pas seulement ou exclusivement. Il lui faut ce supplément d'âme, ce je-ne-sais-quoi qui en fait non pas un lieu de séjour ou de passage, mais un lieu réellement *habitable* – et habité.

Dans ce texte, j'émets l'hypothèse que cet ingrédient magique est la culture. Une culture qui se décline selon plusieurs clefs.

Les jardins : première clef d'une ville idéale

Plus que tout autre – peut-être même davantage désormais que la terrasse de café, le restaurant ou le petit commerce –, le jardin est au centre de cette ville idéale.

De Nice, les vastes espaces arborés en extérieur sont probablement la caractéristique que j'apprécie le plus. Ces jardins sont des lieux où l'on peut croiser tout le monde, mais dont l'existence – contrairement aux aéroports, aux gares ou aux aires d'autoroutes – ne se justifie pas par le seul passage. Ils sont même exceptionnels, car il s'agit peut-être des seuls endroits dont l'unique fonction dans la ville est sociale et esthétique. C'est précisément pour cette raison que j'en fais la première clef de cette ville idéale.

Ce sont des lieux qui appartiennent à toutes les tranches d'âge, à tous les types de personnes, à tous les milieux sociaux. Ils invitent à la promenade. Ils nous attirent, sans raison apparente. Qui n'a pas déjà été tenté de simplement y *faire un (dé)-tour* ? Pourtant, qu'avons-nous à y faire ? C'est précisément parce qu'ils nous offrent une pause enchantée, un peu de beauté, une part d'inconnu. Pour une dirigeante d'institution culturelle comme moi, les jardins sont des exemples impressionnants et terriblement efficaces : ils ont cela de supérieur aux musées ou aux théâtres qu'on ne se sent pas intimidé en y entrant. Mais que vient-on vraiment y admirer ? Peut-être simplement l'autre, dans toute sa diversité.

C'est aussi la raison pour laquelle les jardins, tout comme de manière générale l'ensemble des lieux de nature en extérieur, sont aussi pour moi des vecteurs exceptionnels de mixité. Si j'avais une baguette magique et si je devais améliorer une ville comme Paris, j'ajouterais à n'en pas douter *plus d'extérieur*.

Le besoin de se projeter en extérieur est humain. Il ne dépend pas seulement de la clémence du temps – cela compte bien sûr, mais ce n'est pas tout. Devant le Théâtre National de Nice, lorsque nous faisons des représentations en extérieur et qu'il pleut, les spectateurs sortent des parapluies ! À Paris, il faudrait peut-être que toute la ville soit piétonne pour que les gens soient dehors. C'est un besoin essentiel. Bien sûr, cela supposerait de mettre sur pied toute une organisation de transport et d'aide aux personnes à mobilité réduite ou ne pouvant pas se déplacer, mais seules les propositions ambitieuses nous permettront de changer les choses, d'améliorer la ville.

Or, à cet égard aussi, le jardin est peut-être la solution. En remettant du naturel au cœur de la ville, il offre une occasion de partage : au sein d'un jardin, on n'est pas séparés par le prix des loyers, le niveau d'éducation ou la catégorie socioprofessionnelle. Tout ce qui est beau et qui peut être partagé favorise la mixité.

En tant qu'espaces ouverts, les jardins sont aussi des lieux intéressants – comme la plage, que nous avons la chance d'avoir à Nice –, car ils mettent en jeu notre rapport au corps. Or, le sport, j'y reviendrai, est lui aussi un vecteur absolument crucial, d'autant plus important lorsqu'on pratique le théâtre. Il s'agit là d'une autre caractéristique des villes du Sud : le sport s'y pratique librement en extérieur.

Enfin, dans la promenade, il y a la réflexion, le temps de la rêverie et de la possibilité des autres. Ce détour, ce pas de côté, j'en ai fait l'expérience à Rome de façon très émouvante et très forte. Il était hors de question que je ne le garde pas avec moi. C'est la raison pour laquelle je suis venue habiter à Nice, une ville qui présentait pour moi tous les avantages, et où l'on m'avait fait l'honneur de me confier la direction d'une institution dont je suis particulièrement fière.

Une ville ouverte… sur le théâtre

Devant ce théâtre, justement, l'un de nos plus grands succès – qui n'a pas été facile à mettre en place après le confinement – a été de créer le petit kiosque en extérieur. Nous l'animons durant tout l'été avec les « Contes d'apéro », et tous les samedis et dimanches avec des procès de grands personnages.

Pourquoi un tel projet « hors les murs » ? Il nous est apparu naturel, car il permettait d'être au cœur de la vie des gens, très spontanément et sans nécessiter de leur part l'effort de pousser la lourde porte en or des théâtres.

À travers cette démarche, il s'agit presque de réparer un malentendu historique. Car le théâtre est historiquement lié à la place, à cet espace ouvert et de passage au cœur de la ville. Des conteurs de Bagdad des mille et une nuits aux harangueurs sur les places de marché dans l'Europe d'autrefois, en passant par les mystères médiévaux sur les parvis des cathédrales et en remontant, s'il était besoin, aux agoras grecques et aux forums romains, la possibilité du *dire* en public et de l'imaginaire à partager avec son prochain est depuis toujours au cœur des villes.

Lorsqu'on est responsable d'un théâtre et que l'oralité est au cœur de sa pratique, on ne peut se résoudre à une situation où l'on verrait cette parole publique s'éteindre peu à peu ou se voir confinée à l'intérieur des salles de spectacles. Alors qu'on parle beaucoup d'« ouvrir les plateaux » en faisant sortir le théâtre des salles, nous avons pris cela au pied de la lettre, en replaçant le théâtre à l'endroit qu'il n'aurait jamais dû quitter : les places de la ville.

Aujourd'hui, le lieu que nous occupons, place Saint-François, est absolument extraordinaire. Sa proximité avec le cœur battant de Nice est précieuse, simple et directe.

Ces dernières années, le théâtre avait été pris au piège d'un certain embourgeoisement de nos salles. Ce phénomène a été exacerbé par le confinement puisqu'il a montré la difficulté colossale de remplir à nouveau les salles après une période de fermeture inédite. Sortir demande toujours un effort, mais s'il faut en plus être connaisseur, entrer dans un lieu qui impressionne devient plus difficile encore pour une partie de la population qui est moins habituée et qui n'est pas diplômée de cette « école du spectateur » dont il faudrait être sorti cacique pour comprendre les dernières créations à la mode. Je considère au contraire que le théâtre doit être absolument pour tout le monde. Rechercher cette simplicité et cet universalisme sur une place de la vieille ville était donc naturel.

Pouvoir projeter son corps dans la ville

C'est parce que le théâtre est un art extrêmement physique que je considère le sport comme très important. Ce ne sont pas deux mondes séparés, au contraire. On caricature souvent les sportifs comme des non-intellectuels et les artistes comme uniquement intellectuels. Non seulement ce jugement de valeur est injuste, mais surtout il ne reflète pas la réalité. Je suis ravie que La Cuisine, notre nouvelle salle, se soit installée juste à côté du stade Charles-Ehrmann et d'installations sportives ouvertes à tous. Il est très important pour moi que le corps ait sa place dans une ville idéale, car trop nombreuses sont les métropoles, voire les zones urbaines, caractérisées par une logique de l'enfermement.

À cet égard, ce que nous venons de vivre collectivement est très intéressant. Ces confinements successifs ont été tellement traumatisants qu'ils nous ont permis de mesurer ce qui nous manquait le plus – pour certains, la culture ; pour d'autres, la fête ; pour d'autres encore, le fait de visiter leur famille, etc.

Parmi ces choses essentielles, il y avait aussi et surtout le fait de pouvoir se déployer dans l'espace, et assez logiquement, cet élément était particulièrement vrai pour celles et ceux qui n'avaient pas la chance de pouvoir se confiner à la campagne. En ville, tout le monde s'est d'ailleurs découvert une passion pour le sport. On se mettait à courir pour avoir une raison de sortir, et nous découvrions l'autre, nous allions vers l'autre. Dans ce désert humain qu'était le confinement, le sport était devenu un espace de possible tout à fait étrange et que beaucoup n'avaient même pas envisagé – car la pratique de l'exercice peut aussi relever de l'intime, ou ne pas être mise en avant dans un mode de vie. Durant ces mois troubles, nous regardions quelqu'un courir, et nous nous disions : un autre monde que celui que je vis confiné chez moi est possible. C'était découvrir l'autre dans son anonymat et dans sa différence – pas un autre qu'on connaît – qui nous donnait cette sensation. Même voir quelqu'un faire la queue chez le boulanger était devenu extraordinaire.

Cette prise de conscience de l'importance du corps dans l'espace de la ville ne doit pas rester lettre morte.

Elle doit être suivie d'effets, car nous avons trop longtemps refusé d'accorder leur juste place à nos corps dans la ville. C'est un comble !

Disposer d'infrastructures sportives adaptées et accessibles est évidemment une première étape importante. Il faut que les gens puissent s'y déployer, sans distinction de sexe, d'âge, de niveau ou de condition sociale.

Par ailleurs, il faudrait normaliser la pratique du sport dans les lieux publics comme les parcs – encore eux. Cette habitude n'est pas encore vraiment présente à Paris – encore que le confinement ait pu la favoriser *a posteriori* –, mais elle est très naturelle à Nice par exemple, où il est normal d'aller faire du jogging sur la promenade des Anglais, à n'importe quel âge. Il n'y a pas de complexes, pas de différences, pas de jugements, et c'est extraordinaire.

Ce n'est pas pour rien qu'on parle de *corps* social. Le sport est un moteur essentiel dans nos vies, et un indice de la bonne ou de la mauvaise santé de nos villes. Si l'on passe sa vie dans les embouteillages et les métros, on ne voit jamais la couleur du ciel. Dans les villes qui imposent ces rythmes, il faudrait s'astreindre à se réserver des créneaux à l'air libre, mais encore faut-il avoir le temps et surtout le lieu pour le faire. Le terrain de sport est un endroit propice, où l'on se rencontre facilement, où la jeunesse peut fraterniser – comme elle l'a d'ailleurs fait depuis des générations. À l'heure où les iPhone et les AirPods se multiplient dans les transports en commun et où cafés et vieux bistrots ferment dans certains centres-villes, trouver ce genre de lieux de disponibilité à la rencontre et à la parole des autres est devenu de plus en plus difficile.

Une ville où l'on peut bouger est donc, aussi, une ville où l'on peut parler, et cela change tout.

Un réveil culturel pour ne pas s'endormir dans la beauté

Cependant, les villes idéales ont une limite – même Nice, pourtant si chère à mon cœur… La fragilité de ces paradis pourrait se formuler ainsi : à un moment, il peut sembler qu'on n'a plus besoin de rien d'autre. À Nice, on est dans la beauté de cette côte, une beauté fracassante, époustouflante ; la montagne est là aussi, juste derrière, et l'on passe de la plage à la montagne presque sans transition. Or, c'est là, à cet endroit précis, que nous intervenons. Dans des lieux comme ceux-là, paradoxalement, la culture sert à ne pas s'endormir.

Les artistes – y compris les peintres qui, contrairement à ce qu'ils laissent paraître, sont tout sauf des contemplatifs – qui ont occupé ces lieux pendant très longtemps grâce à la beauté environnante ont contribué à la *réveiller*. Aujourd'hui, il nous faut répliquer ce geste en musclant tous les rendez-vous culturels dans nos villes.

Car la culture n'est pas qu'une distraction : c'est une lumière intérieure. C'est la possibilité d'agrandir sa propre vie en brisant sa scansion habituelle. On se lève, on mange, on travaille, on mange, on dort ; on se lève, on mange, etc. Ce cycle, vital, a besoin d'un élément perturbateur tout aussi vital : la culture. Or, dans ces villes où, pour le dire vite, « il fait bon vivre », nous devons rendre naturelles et incontournables toutes ces propositions culturelles, afin qu'on ne s'endorme pas dans la beauté.

Créer des conditions du renouvellement et faire vivre ce qui est beau, voilà en quelques mots notre mission culturelle pour ces villes. Il doit y avoir régulièrement et très simplement un rendez-vous avec les autres arts, les musées, la peinture, la sculpture, qu'on puisse entendre la musique, aller voir des spectacles, qu'on fréquente la culture en permanence. Pour cela, il faut dédier à la création une partie de l'histoire racontée par la ville à ses habitants.

Par création, j'entends ce qui vient réellement inventer notre futur, mais aussi ce qui vient enrichir la réflexion générale sur nos vies. Plus l'actualité est brutale, angoissante, anxiogène, entre la pandémie, l'inflation et maintenant la guerre en Ukraine, plus nous avons besoin de prendre du recul. La culture, c'est aussi cette possibilité – nécessaire – d'une prise de recul.

Faire d'un théâtre en ville un théâtre utile

Lorsque je suis arrivée au TNN au début de la Covid, nous fermions. Quand nous avons rouvert, nous déménagions. Autant dire que cela n'a pas été de tout repos. Cependant, si déménager est une énorme contrainte, c'est aussi une chance inattendue : celle d'écrire une nouvelle page pour cette belle institution.

J'ai d'abord fait beaucoup de pédagogie. Comme tous les responsables de lieux de culture, je me trouvais face à la nécessité de répondre à la question du sens. En choisissant d'organiser des événements dehors, dans les jardins, gratuits, nous permettions aux publics de s'emparer de l'instrument théâtral. C'est un point de vue à mon avis très utile et opératoire pour s'approprier cette pratique. Je vois en effet le théâtre comme un grand piano à queue dont il faut apprendre à maîtriser les gammes, mais qui est à la disposition de tout le monde.

En replaçant le théâtre en extérieur, sur une place publique, c'était le théâtre comme instrument que nous mettions en fait à la disposition des habitants de Nice, un peu comme ces pianos en libre accès dans les gares. Cela permettait de mieux le connaître. Tous les dimanches matin, avec des acteurs et des avocats, nous continuons à faire les procès de grands personnages, dans un mélange entre fiction et réalité avec lequel on s'amuse.

C'est avec un spectacle de la grande Isabella Rossellini, *Le Sourire de Darwin*, que nous avons inauguré notre salle des Franciscains, dans un lieu emblématique totalement rénové. Ce spectacle n'est pas comme les autres : c'est une sorte de conférence théâtrale sur l'importance des animaux, notre ressemblance avec eux, ce que signifie l'empathie et ce que signifie le métier d'acteur. Les jeunes se sont retrouvés dans ce discours à la fois philosophique et proche de notre quotidien. Ils ont eu l'impression que le spectacle s'adressait à leurs propres préoccupations.

Comme je l'ai dit, l'un des dangers de la culture est de s'enfermer sur uniquement ceux qui connaissent. Si c'est trop compliqué, ceux qui ne connaissent pas se sentent exclus jusqu'à ce que, au bout d'un moment, on se retrouve toujours à jouer pour les mêmes. Ouvrir les portes, cela signifie bâtir une programmation qui soit beaucoup plus en prise directe avec les préoccupations des publics. Ouvrir, simplifier donc, mais surtout construire une programmation qui propose un miroir direct de notre actualité et pas seulement fictionnel.

Le théâtre sert à ce que l'homme se regarde lui-même, qu'il en rit et qu'il en pleure. Cependant, pour se regarder soi-même, pour prendre l'un des sujets les plus graves comme la guerre en Ukraine qui nous bouleverse en ce moment, on ne s'émeut pas en écoutant les informations. Celles-ci nous font peur, alors que pouvoir regarder l'enseignement des grandes tragédies nous permet de comprendre à quel point nous avons du mal à appréhender notre propre histoire.

C'est par leur distance qu'elles nous permettent de nous émouvoir, et bien souvent, le théâtre joue ce rôle de médiation. Il y a donc, paradoxalement par la distance qu'il autorise, une proximité du théâtre avec nos problématiques actuelles, pour peu qu'on sache le partager au bon moment et au bon endroit.

La liberté pour seule boussole

Pour aller dans cette direction, nous travaillons en lien et même en connexion avec les différents acteurs culturels de la ville, car nous estimons que dans une ville idéale, il est important que le public ne se sente pas obligé de choisir. Je crois qu'écouter un opéra, aller voir une galerie de photographies, se rendre au Musée d'Art Moderne et d'Art Contemporain (MAMAC) de Nice ou venir au TNN doit procéder du même besoin d'enrichissement, d'émotions, de rendez-vous avec le cœur, avec ce qu'on aime, ce qu'on n'aime pas... C'est accepter à la fois d'être perturbé, étonné, et d'ouvrir son regard. De plus en plus, que ce soit avec l'opéra ou avec les diverses structures culturelles de la ville, nous travaillons ensemble. Nous réfléchissons également avec la mairie de Nice pour créer des lieux de passage, des plateformes entre les arts.

Aujourd'hui, notre défi n'est pas moindre : c'est celui d'élargir les publics, de parler à des personnes qui ne sont pas forcément acclimatées au théâtre, et c'est ce qu'il y a, selon moi, de plus difficile à faire. Le défi est d'autant plus grand qu'après deux ans de fermeture, le muscle de la curiosité s'est beaucoup détendu.

Néanmoins, s'il est vrai que convaincre le public de revenir est dur, je suis plutôt confiante dans notre avenir au TNN. Ouvrir de nouvelles salles, c'est la possibilité de fonctionner très différemment, de ne pas se contenter de rester sur notre piédestal. La programmation est extrêmement liée à cela, et c'est aussi pour cette raison que le pari du *Sourire de Darwin* a réussi : les jeunes sont venus, et j'ai senti qu'un pas avait été franchi. Il y a là quelque chose à protéger.

Aujourd'hui, dans les villes, il est primordial de défendre la liberté d'expression, qui est menacée de toute part par le politiquement correct. Le théâtre est un lieu où l'on doit pouvoir tout dire et tout faire – bien sûr, dans les limites de la démocratie et des droits humains. On peut tout dire et tout imaginer. C'est un art de la suggestion, car suggérer, c'est susciter de l'imaginaire, et par là ouvrir des galeries d'images potentielles qui n'appartiennent qu'à chacun.

Je suis persuadée que c'est par la liberté de s'exprimer sur les plateaux que l'on pourra favoriser la mixité.

Nous conduisons par exemple un projet pédagogique avec des jeunes et toute ma troupe. Cette année, le projet s'appelle « Lettre à mon amour » – l'année dernière, c'était « Lettre à mon père ». L'idée est simple : leur faire écrire une lettre imaginaire et la dire en public. Nous nous sommes vite aperçus que ce que cette jeunesse arrivait à dire par le détour de la fiction était extraordinaire. Elle parvenait à écrire ses peurs, ses déceptions, ses attentes, ses joies. En effet, quand l'imaginaire est libéré, on est parfois plus près de ce que l'on ressent lorsqu'on ment que lorsqu'on essaye d'être sincère. C'est cette liberté de ton et de méthode qui permet d'aller plus profondément dans nos cœurs.

Outre notre kiosque – les procès de grands personnages tous les samedis et dimanches – et les fameux Contes d'apéro tout l'été, nous produisons aussi des Marivaux en promenades. Nous partons sur les places des différentes villes pour un spectacle de plein air, itinérant, et nous faisons ainsi entrer le théâtre dans les villes. Là encore, en essayant d'affronter des problématiques très contemporaines, nous renouons avec une vieille tradition des troupes comiques qui cheminaient de ville en ville…

À nos villes idéales

Aucune ville, même Rome ou Nice, n'est tout à fait idéale, mais ce n'est pas une mauvaise nouvelle. Dans les temps bouleversés que nous vivons, cela veut dire qu'il nous faut continuer à construire. Certes, la tâche ne sera pas mince, mais cela signifie aussi que nous avons toute la latitude et toute la liberté pour le faire.

Dans ces villes que nous aimons tant, il nous faut continuer à développer des lieux commerciaux, car la vie, ce sont des petits commerces, des petits bistrots, des endroits où l'on se croise. Je pense que la violence si souvent évoquée dans les alentours des villes est fortement liée à l'absence de ces lieux de convivialité et de culture.

Pourtant, la culture peut être un vecteur pour faire naître une économie, une vie de quartier tout autour. Un lieu culturel peut rayonner et créer un environnement – il n'y a qu'à penser au quartier de Beaubourg à

Paris, qui s'est véritablement construit autour et avec le centre Georges-Pompidou.

C'est l'ambition que nous avons dans le nouveau lieu que nous avons ouvert à Nice, La Cuisine.

Ouvrir une salle prend du temps. Il faut qu'il y ait un « ADN », une identité repérable. J'ai voulu qu'on continue à l'appeler « La Cuisine », car je souhaitais qu'on puisse venir y manger à la cantine le midi, que les jeunes aient envie de s'amuser, et qu'on puisse en plus, évidemment, y profiter de la magie du spectacle. J'espère que les jeunes s'y sentiront chez eux.

La démarche est sans doute un peu gonflée, mais on ne se refait pas. Je suis une enfant du service public, et c'est ainsi que je conçois mon métier : ouvrir et rendre désirables de nouveaux lieux, des endroits qui ont envie d'être, d'exister.

Que l'on habite dans une métropole cosmopolite ou dans un petit village du Midi, c'est peut-être cela, au fond, notre mission pour faire de nos villes les lieux d'une vie idéale.

4

*

Le sport peut nous aider à rendre les villes accessibles

CHARLOTTE FAIRBANK

Championne de tennis-fauteuil

Vivant entre trois villes, alternant entre voyages, études et surtout pratique professionnelle du tennis-fauteuil, Charlotte Fairbank est déterminée et optimiste. Alors qu'elle se prépare pour les Jeux de Paris 2024, elle revient sur son rapport à la ville par la lorgnette de l'accessibilité : que signifiera être une personne en situation de handicap dans la ville de demain ?

* * *

La découverte d'une passion

Que veut dire, pour moi, une ville idéale ? En me posant cette question, je ne peux pas ne pas repenser à mon parcours de vie singulier, à cheval entre plusieurs villes et plusieurs visions de la ville – avec l'accessibilité et le sport pour boussole.

L'accident qui me touche à l'âge de 15 ans m'impose le temps long de la rééducation, alors que j'étais sportive. À l'époque, on me propose de commencer le sport en fauteuil, mais c'est trop tôt, je n'y suis pas prête. Relever un tel défi aurait consisté à accepter mon handicap à 100 %, ce à quoi je n'étais pas encore préparée mentalement.

Ce n'est que huit ou neuf ans plus tard que je réussis à accepter de devoir vivre ma vie en fauteuil. Je veux alors commencer un sport pour être plus active. Après une hésitation avec le basket, j'opte pour le tennis, sport que j'adore depuis que je suis toute petite, en spectatrice assidue de Roland-Garros.

C'était en 2015. Je m'achète alors un fauteuil multisport pour essayer le paratennis, et cette pratique me passionne dès les premiers entraînements. En 2016, alors que je travaille dans un cabinet d'avocats, je décide de partir quelques mois à l'étranger. Je quitte mon poste, je prends mon fauteuil avec moi, et je m'envole pour l'Argentine. Là-bas, tout en cherchant un volontariat pour me perfectionner en espagnol et découvrir le pays, je continue à pratiquer le paratennis.

Un jour, je découvre un peu par hasard le club où s'entraîne l'équipe nationale argentine de paratennis, et je commence à m'entraîner à ses côtés. J'aime tellement cela qu'au bout de trois mois, l'entraîneur me propose de rejoindre l'équipe à titre professionnel et à temps plein. Mon séjour initialement prévu pour trois ou quatre mois en Argentine dure finalement un an : c'est là-bas que débute ma carrière de sportive professionnelle et que je participe à mes premiers tournois.

Buenos Aires est la ville la plus inaccessible que je connaisse pour une personne en situation de handicap, mais tout le monde s'y débrouille. Grâce au sport, j'y découvre une autonomie que je n'avais pas avant, et je reviens en France au bout d'un an avec une passion inébranlable pour le tennis en fauteuil. Je choisis de quitter ma carrière d'avocate et de me consacrer à cette pratique à temps plein. Au moins jusqu'en 2024 – nous y reviendrons –, j'y dédierai toute mon énergie.

Les trois sœurs

Londres, Paris, Barcelone. Si ma vie est partagée entre trois des plus belles villes du monde, évoquer celle qui pour moi est idéale n'a rien d'aisé. Chaque ville apporte en effet une énergie différente. Chacune a ses défauts, ses qualités… mais lorsque l'on a la chance d'en connaître plusieurs de façon approfondie, il y a des effets de compensation entre leurs qualités et leurs défauts, et des effets de complémentarité entre elles. C'est pourquoi il m'est très difficile d'en choisir une seule en prenant en compte tous les critères.

Néanmoins, s'il fallait retenir un fil rouge, il me semblerait intéressant de m'arrêter sur la question de l'accessibilité des villes – un sujet évident pour les personnes en situation de handicap, mais un angle mort pour le reste de la population.

Comme je le disais, je vis aujourd'hui entre Paris, Londres et Barcelone, c'est-à-dire trois villes exceptionnelles. Je suis basée à Londres, mais je joue pour la France tout en m'entraînant beaucoup à Barcelone.

Cette dernière est probablement la ville la plus accessible que je connaisse pour une personne en situation de handicap, et en particulier en fauteuil roulant. Je peux utiliser le métro très facilement : je peux donc me déplacer partout, j'y suis très indépendante et très autonome, et c'est l'un des points positifs de cette ville qui, à cet égard, a beaucoup à enseigner à ses sœurs.

À Paris, cette accessibilité est beaucoup plus réduite. En conséquence, mes possibilités d'action et de mouvement sont bien plus limitées. En d'autres termes, le métro n'est pas accessible, et je dois utiliser ma voiture pour l'ensemble de mes déplacements.

Londres se situe entre Barcelone et Paris du point de vue de l'accessibilité pour les personnes en fauteuil roulant.

Cependant, l'accessibilité n'est pas le seul critère – heureusement ! Malgré tous ces problèmes, la ville de Paris reste pour moi la plus magnifique et, même si elle n'est – pour l'instant – pas la plus accessible, elle demeure la plus agréable à vivre. À l'encontre de bien des préjugés, la capitale française respire un air de simplicité que l'on ne retrouve pas par exemple à Londres : l'atmosphère y est unique. En revanche, la vie dans la grande métropole située de l'autre côté de la Manche est plus compliquée, plus bruyante...

Le choix de la France pour Paris 2024

Je suis née à Paris, et j'ai grandi en France tout en étant bercée par une double appartenance culturelle.

Mes deux parents étant anglais, j'ai la double nationalité : citoyenne française et britannique.

Lorsque j'ai commencé ma carrière professionnelle de tennis-fauteuil, j'ai eu la possibilité de choisir de jouer pour l'Angleterre ou pour la France.

J'ai opté pour la France précisément parce que s'ouvrait la perspective des Jeux olympiques et paralympiques de 2024 à Paris. Il s'agit là de l'opportunité d'une vie, d'une occasion trop rare pour ne pas être saisie. Bien sûr, cette décision a été mûrement réfléchie, pesée, car elle est déterminante pour une carrière sportive. Représenter la France dans des Jeux accueillis dans ma ville de cœur, Paris, était trop intéressant, trop exaltant. C'est pour cette raison que j'ai choisi l'équipe de France, mais aussi plus fondamentalement parce que je place de l'espoir dans ces Jeux de 2024 organisés dans notre capitale : celui qu'ils pourront apporter plus de visibilité aux personnes en situation de handicap dans le sport, mais aussi qu'ils pourront donner une impulsion globale afin de favoriser l'accessibilité à Paris, en transformant la ville et en la rendant véritablement inclusive, sans rien lui enlever de son charme particulier.

Lorsque j'ai commencé ma carrière, j'habitais encore en Angleterre, où j'étais partie faire mes études. C'est là-bas que j'ai découvert le tennis en fauteuil, puis c'est à Buenos Aires que l'idée d'une carrière professionnelle a véritablement émergé.

En 2017, lorsque je rentre à Paris, je participe à de nombreux tournois. Cependant, au bout de trois ans, la vie familiale et sociale que je menais en Angleterre me manquait trop : je suis donc retournée vivre à Londres il y a quelques mois, et j'y ai acheté une maison avec mon frère et ma sœur. Néanmoins, tous les rendez-vous avec les sponsors, tous les stages avec la Fédération, toute la partie logistique de ma vie professionnelle se déroulent en France, ce qui m'amène logiquement à revenir souvent à Paris et à expérimenter, comme je le disais, les différences entre les niveaux d'accessibilité dans ces grandes villes.

L'itinérance : apprendre de mes expériences de voyage pour forger la vision d'une ville idéale

Ayant commencé ma carrière de sportive professionnelle à Buenos Aires, j'ai pu découvrir l'apprentissage du paratennis par l'école des Argentins et des

Espagnols et leur vision de cette pratique. Depuis le début, je travaille avec un entraîneur argentin qui habitait à Buenos Aires à l'époque où je l'ai connu et qui a déménagé à Barcelone. Quand je suis rentrée en Europe, j'ai travaillé avec lui surtout pendant l'été, saison de la terre battue, puis sans discontinuer jusqu'à aujourd'hui. C'est la raison pour laquelle je retourne m'entraîner à Barcelone environ une semaine sur trois.

J'alterne vraiment entre les trois villes, ces trois sœurs européennes. Ce sont trois lieux dont je ne me lasse pas, et cette alternance m'oblige à me réinventer constamment. J'ai grandi en étant bilingue, biculturelle, entre deux pays : je suis habituée à jongler entre plusieurs habitudes, plusieurs identités. Certes, ajouter une troisième ville complique la situation parce que je ne suis jamais chez moi, qui plus est en étant amenée à voyager souvent pour les tournois, mais cela ne me gêne pas vraiment.

Tout le monde pense que, quand les sportifs voyagent, ils ont le temps de profiter des villes, de les visiter, mais ce n'est pas du tout le cas. C'est aussi pour cette raison qu'il faut avoir des villes à soi, des jardins secrets.

On ne développe aucune complicité avec les villes dans lesquelles on se rend pour des compétitions, car on n'en voit que les aéroports, les hôtels et les terrains d'entraînement. Je me souviens par exemple d'un séjour au Portugal, dans la pointe de l'Algarve, une région magnifique : je ne suis pas allée une seule fois à Faro en deux semaines. On peut découvrir la culture ou la langue d'un pays si l'on y reste quelque temps, mais on n'apprend pas à en connaître les villes, encore moins à nouer avec elles un rapport d'intimité. Les voyages nous forment et nous ouvrent l'esprit. Dans une carrière comme la mienne se crée un lien avec la tournée, avec le circuit, avec le tennis tel qu'il est pratiqué par telle ou telle personne ou dans tel ou tel lieu. Cependant, l'exigence du sport ne permet pas de créer des liens avec la région où l'on se trouve.

Pourtant, je ne crois pas qu'il y ait là quelque chose de mauvais. Au contraire. Les sportifs en situation de handicap construisent également leur vie par le sport. Tant que les villes peuvent accueillir des tournois handisports, les rencontres entre sportifs sont possibles, de même que les échanges de bonnes pratiques, d'anecdotes, d'histoires de vies. C'est à partir de toutes ces vies que l'on se construit peu à peu. Même si la majeure partie de ma carrière est encore devant moi, j'ai déjà accumulé une certaine expérience des villes que le sport a pu rendre plus inclusives et plus accessibles. C'est à partir de cette galerie – en plus de la place particulière qu'occupent Londres, Barcelone et Buenos Aires – que je pense qu'il est possible de faire de Paris une ville idéale en saisissant l'occasion des Jeux olympiques et paralympiques de 2024.

Les Jeux changent les villes :
comment rendre Paris plus accessible ?

Ces Jeux seront historiques à la fois pour le sport et pour la ville de Paris. Ce n'est pas nouveau : les Jeux changent les villes. Non seulement ils transforment leur aspect et leur géographie, mais les aménagements urbains que suppose l'installation d'infrastructures sportives et d'accueil du public peuvent même contribuer à modifier les habitudes des citadins et leur mentalité. À Paris, on parle ainsi beaucoup de l'impact – positif – que devraient avoir les Jeux de 2024 sur la gestion des flux de personnes, dans un réseau de transports en commun très engorgé.

Je suis en effet convaincue que 2024 permettra de faire changer les choses, que chacun portera un regard différent sur les Jeux, sur le sport de haut niveau et sur la ville de Paris.

D'une certaine manière, la ville n'a pas le choix. Elle devra évoluer énormément en matière d'accessibilité, mais aussi de développement du sport pour les enfants et pour les futurs professionnels. Avec d'autres athlètes, nous formulons, j'en suis sûre, le vœu que cet événement rapprochera les gens et que le nombre de billets vendus sera extrêmement élevé, après une édition de Rio qui n'avait pas très bien marché et des Jeux de Tokyo quasiment confinés à cause de la crise sanitaire. Avec la fin ou l'atténuation de la pandémie de Covid-19 en vue, espérons que l'on passe d'un extrême à l'autre, et que tout le monde voudra assister à cette grande fête que seront les Jeux de Paris – notre capitale a l'habitude et une longue tradition d'accueillir des événements de cette ampleur !

À Paris, la plupart des lieux publics sont accessibles, car c'est une obligation, mais c'est à peu près tout – ce qui est très problématique. En dehors des lieux publics qui sont en principe accessibles aux personnes en situation de handicap, lorsque je veux aller au restaurant par exemple, je dois systématiquement appeler avant pour demander s'il y a des marches, des toilettes accessibles, etc. À Barcelone ou à Londres, l'accessibilité est beaucoup plus installée et généralisée : je n'ai plus à me soucier de tout cela et, de fait, je n'y pense même plus.

Chez nous, les transports sont peu accessibles aux personnes à mobilité réduite : les ascenseurs ne sont pas systématiquement présents, et lorsqu'il y en a, ils ne fonctionnent pas toujours correctement. Étant pour ma part indépendante, autonome, avec un fauteuil manuel très léger et très maniable, le défi est moins important pour moi que pour d'autres personnes en fauteuil, qui sont plus handicapées et qui se déplacent en fauteuil électrique. Il n'est pas normal qu'elles ne puissent pas bénéficier des mêmes conditions d'accès aux lieux publics ou aux transports que les autres.

Pendant les Jeux : sensibiliser au handicap pour penser l'accessibilité

À Paris comme ailleurs, il nous faut donc collectivement apprendre à penser en termes d'accessibilité ou d'inaccessibilité. Ce que l'on peut espérer des Jeux de 2024, c'est bien l'accélération de ce changement de mentalité : des milliers de fauteuils, ceux des championnes et des champions qui concourront aux Jeux paralympiques, sillonneront les artères de Paris. Si ce problème n'est pas réglé d'ici à 2024, ces Jeux se passeront mal et renverront une mauvaise image de notre pays, hôte de cette fête du sport.

Au fil des années, nous avons pris beaucoup de retard, notamment dans les infrastructures. Même au niveau des aéroports, dont on pourrait penser qu'ils sont aux avant-postes du changement et donc de l'inclusivité par la diversité des publics qu'ils accueillent, le changement tarde à venir. Les Français portent encore un regard de pitié sur le handicap. Le sujet demeure tabou, rendant les choses plus difficiles qu'ailleurs. En termes d'accessibilité pure, je n'existe pas à Paris sans ma voiture : des trottoirs qui ne sont pas accessibles partout ne sont pas accessibles par *tous.* Nous sommes bien dans le domaine de l'impensé. Or, comment penser l'accessibilité si la majorité de notre société n'a pas encore pensé le handicap ?

C'est la raison pour laquelle je suis convaincue que les Jeux de Paris 2024 seront une occasion immanquable – ce qui m'enthousiasme, mais doit aussi nous obliger à prendre nos responsabilités. Il devra s'agir d'un mouvement incroyable non seulement pour la ville de Paris mais aussi pour la France et pour les sportifs français.

J'attends d'abord que cet événement change la perception du handicap et des personnes en situation de handicap, que ces dernières soient vues de manière plus positive, et que l'on comprenne qu'elles sont capables de tout faire. Ce n'est d'ailleurs pas seulement dans leur intérêt : la démarche s'inscrit dans une réflexion plus large sur la nécessité d'un vivre ensemble harmonieux, avec toutes les différences qui émaillent une société. Si les villes changent en matière d'accessibilité, il y a fort à parier que se développera entre les gens un lien plus fort, qui passera par le sport et par une meilleure intégration du handicap dans la vision de la société et de la ville dans lesquelles nous voulons vivre.

L'évolution que permettra ce rendez-vous sera très importante, de l'ordre du bouleversement pour beaucoup de personnes dans ma situation. Nous avons hâte d'y être ! Je vois déjà que de nombreuses infrastructures sont en train de changer, de se développer, et j'ai bon espoir que ces transformations auront un effet durable sur la ville. Cependant, trop philosopher ne sert à rien. Pour agir vite – c'est-à-dire à temps –, il faut voir la question de l'accessibilité comme une question pratique.

Le sport peut faire bouger les lignes

Hier, le public considérait les personnes en situation de handicap comme isolées du reste de la société : soit elles étaient chez elles, seules, et déprimaient, soit elles pouvaient se retrouver aux Jeux paralympiques ou à Roland-Garros pour un moment d'épanouissement, mais tout se passait comme s'il n'y avait pas d'entre-deux. Aujourd'hui, la perception a changé : on peut pratiquer un sport en fauteuil sans être forcément à Roland-Garros ou aux Jeux dans les deux semaines qui suivent le début de notre carrière. Les Français sont en train de voir ce développement amateur du sport en fauteuil, plutôt que le seul résultat glorieux d'une carrière de très haut niveau. En d'autres termes, la pratique du sport se démocratise chez les personnes en situation de handicap – et c'est une bonne nouvelle.

La sensibilisation est à cet égard une pratique bénéfique et profitable à bien des niveaux. J'interviens beaucoup dans les écoles, notamment auprès de jeunes enfants de 4 à 8 ans en leur parlant de sport et de handicap. Pour les jeunes qui ne connaissent rien au handicap, c'est une manière d'apprendre ce que c'est, de découvrir les sports paralympiques, et de pouvoir les suivre aux Jeux. Ces interventions permettent par ailleurs aux enfants en situation de handicap de garder espoir, de savoir qu'ils pourront devenir sportifs – athlètes ou non, ils auront du moins le droit de mener une vie sociale active, basée sur la pratique d'un sport, souvent formatrice pour la jeunesse.

C'est par ce genre d'initiative que nous devons normaliser le handicap afin que ce sujet ne soit plus surprenant ou tabou, qu'on ne détourne plus le regard, ou qu'on feigne d'ignorer le problème. Au-delà des Jeux, je suis donc profondément convaincue que le sport peut nous aider à faire bouger les lignes quant à la perception du handicap et aux solutions en matière d'accessibilité.

Des leçons pour la ville idéale

Je rêve d'une ville complètement accessible, d'un point de vue pratique mais aussi en matière d'accessibilité au sport.

Le sport n'est pas encore un vecteur suffisant à lui seul pour pousser les personnes en situation de handicap hors des hôpitaux et de la rééducation traditionnelle. Il peut le devenir. Il doit le devenir.

Pour ma part, j'ai connu le sport en fauteuil très tardivement – et je pense que c'est une particularité française. En Angleterre ou en Espagne, dès que l'on sort de l'hôpital, les kinésithérapeutes viennent nous voir pour nous proposer de pratiquer le sport en fauteuil, mais avec de bons arguments. À nous désormais de généraliser cette pratique dans notre pays et dans nos villes.

Je rêve d'une ville où le sport serait vraiment ouvert à tous, ce qui implique que les infrastructures sportives soient ouvertes à tous ; or, nombre d'entre elles à Paris ou en banlieue ne sont pas complètement accessibles. Il faut y remédier : l'infrastructure accessible est, presque autant que l'équipement, le point de départ de la pratique sportive qui peut aider les personnes en situation de handicap à s'épanouir.

Dans une ville idéale, ouverte, accessible et inclusive, le sport est une manière d'aider psychologiquement les personnes qui viennent d'être traumatisées par un accident. C'est une manière d'accepter le handicap.

Bien sûr, il s'agit seulement de l'extrapolation d'un cas personnel : le sport a été le plus grand changement dans ma vie pour que j'accepte mon handicap, pour que je le dompte, pour que je m'en rende maîtresse en me l'appropriant. Combien d'autres athlètes partagent mon histoire ? Combien d'autres, demain, pourraient passer à côté d'une telle opportunité ? C'est dans la ville que se trouve la solution. Une ville qui leur donnera la possibilité de reprendre leur destin en main grâce au sport.

À Paris, en 2024, plus que les médailles, c'est ce trophée-là qu'il nous faudra soulever.

5

*

Une ville aussi fluide et accessible qu'un grand magasin

PATRICIA MOULIN LEMOINE
Présidente du conseil de surveillance du groupe Galeries Lafayette

Présidente du conseil de surveillance du groupe Galeries Lafayette, Patricia Moulin Lemoine est aussi une Parisienne qui apprécie la vie en ville. Elle confronte son expérience professionnelle dans le secteur des grands magasins avec la réalité des défis qui attendent les villes de demain, et propose des pistes de réflexion pour envisager une ville plus fluide après la pandémie.

* * *

Questionner l'évidence

La ville : voilà un mot simple qui a le charme mystérieux des évidences.

Je n'y ai jamais vraiment réfléchi, car je ressens intuitivement que, pour moi, la ville, c'est la vie.

C'est donc la première fois que je me penche sur cette question de façon approfondie. Or, elle se pose de manière tout à la fois très intéressante et très logique pour moi, car lorsqu'on préside une société de grands magasins, on est quotidiennement et sous plusieurs aspects *directement* impliqué dans la ville, aux prises avec ses grandes problématiques.

Avant d'essayer de dessiner les contours de ma *ville idéale* – si tant est que cela soit possible –, il me faut naturellement me poser la question suivante : pourquoi n'y ai-je pas réfléchi plus tôt ?

Bien sûr, la ville en elle-même, dans l'acception urbanistique du terme, n'est pas mon cœur de métier. Cependant, il existe de nombreux parallèles entre d'une part l'activité et la mission des grands magasins, d'autre part les fonctions vitales, organiques de la ville. Les notions de service, de collectif, de sociabilité, se trouvent au centre du projet et de l'ambition de lieux comme les grands magasins, qui sont devenus au fil des années une extension de la cité, au point de faire partie du paysage de nos villes en France et en Europe.

Les Galeries Lafayette constituent d'une certaine manière une ville dans la ville. On y trouve la plupart des fonctions de la cité : la consommation, mais aussi la culture grâce à leur architecture exceptionnelle et aux expositions qui s'y tiennent, la restauration, le bien-être, les rencontres, l'émerveillement au moment des fêtes. Il ne faut toutefois pas oublier que tout repose sur le travail de nombreux individus qui assurent nuit et jour, comme dans toute ville, l'entretien, l'accueil, les travaux, la sécurité des personnes et des marchandises… sans que les clients en aient conscience.

Une certaine crainte me retient malgré tout au seuil de l'approfondissement de ce sujet : quelle est ma légitimité pour parler de la ville ? Ma perspective ne sera-t-elle pas fondamentalement limitée ? Par la force des choses et par la position que j'occupe, je « manque » inévitablement certains aspects de la question, mais je pense que c'est aussi là que peut résider l'intérêt d'un tel exercice.

Je vais donc maintenant essayer de réfléchir à ma ville idéale en la liant à mon histoire et à mon expérience.

Un peu d'histoire : les grands magasins depuis toujours au cœur des villes

Construire une ville idéale… Il s'agit là d'une hypothèse intéressante, d'une voie que je suis curieuse de poursuivre, mais en même temps d'une entreprise assez difficile. En effet, dès lors que l'on touche à l'idéal, on entre dans le monde de la théorie et des systèmes parfaits… Pour esquisser le portrait-robot de cette ville, j'essaierai de garder les pieds sur terre, d'abord en ne m'éloignant pas trop de la réalité que je connais le mieux : celle du Paris des *Galeries Lafayette*.

Les grands magasins sont nés dans la ville.

Ils ne sont apparus que lorsqu'ils ont pu être rendus facilement accessibles à une large clientèle. À Paris, ils sont en effet nés sous l'impulsion du baron Haussmann qui, en faisant creuser de larges artères où se sont implantés les grands magasins, a permis de fluidifier la circulation dans la capitale. Certains, dont les *Galeries Lafayette*, se sont implantés autour du quartier de la gare Saint-Lazare. Du fait de l'expansion de l'agglomération et de l'émergence des voies de circulation rapide avec la révolution industrielle et le développement du réseau de chemin de fer, la proximité des gares présentait plusieurs avantages évidents : lieux de passage et de brassage de potentiels clients, ces quartiers offraient aussi des commodités évidentes pour les livraisons, diminuant ainsi les temps de trajet en ville.

Lorsque naît le modèle du grand magasin à la française, il s'articule autour d'une idée simple : à une époque où le prêt-à-porter n'existe pas, où l'on achète son tissu pour réaliser sa robe ou pour la faire faire par une couturière, les grands magasins veulent rendre accessibles des biens à des prix uniques, fixes et pour tous. Aujourd'hui, cette démarche nous paraît évidente, comme si elle avait toujours existé. Or, lorsqu'on se place dans la durée et dans l'histoire sociale et culturelle des villes, cette émergence constitue en soi une petite révolution. Elle advient, il faut aussi en avoir conscience, à peu près au même moment que la démocratisation de l'accès à un certain nombre de produits et d'objets culturels qui constituent désormais notre horizon mental depuis plusieurs générations, comme la presse à grand tirage ou encore les magazines. Si ce parallèle peut paraître étonnant, il dit en fait assez bien que l'apparition des grands magasins dans la vie quotidienne de populations qui n'avaient pas forcément accès à ce type de produits s'apparente à l'appropriation des savoirs ou des informations diffusés de manière massive.

D'ailleurs, l'ambition de ces établissements était, dès l'origine, de se placer dans une perspective bien plus large que la seule vente, en développant une vision globale des choses. Évidemment, la consommation restait la première fonction et la clef du modèle économique des galeries commerçantes. Très vite, devant l'ampleur du phénomène, on fut prompt à comparer ces «temples de la consommation» – selon l'expression consacrée – aux sanctuaires d'une nouvelle religion basée sur l'achat. Pourtant, elles ne se sont jamais limitées à cela.

Les grands magasins sont vite devenus des lieux d'expositions et de communication. À mi-chemin entre les cafés, lieux de la sociabilité populaire, et les salons, espaces de la sociabilité bourgeoise et aristocratique, ils se sont révélés être un écrin idéal pour les salons de thé, qui deviendront le modèle d'une sociabilité basée sur les affinités et les habitudes de consommation d'une partie – surtout féminine à l'origine – des classes moyennes et aisées. Situés au cœur des villes et témoins vivants de leurs pulsations, les grands magasins se sont imposés comme des espaces privilégiés de rencontres. Ils l'étaient hier, et ils continuent à l'être aujourd'hui. Ma propre grand-mère donnait déjà rendez-vous à ses amies au salon de thé des *Galeries Lafayette* !

Ceux qui font la ville, ce sont d'abord ceux qui y habitent

Voilà pour le contexte, le tableau en quelque sorte.

Je ne sais pas si Paris est une ville idéale – probablement pas. Cependant, il est difficile de la détester car, si elle n'est pas parfaite, elle contient de nombreux ingrédients pour tendre vers cet *idéal* que je me propose de tracer.

En effet, de mon point de vue, dans une ville idéale, l'on peut rencontrer à la fois ses amis et des gens différents de soi. L'on peut y travailler sans pour autant s'enfermer et s'enferrer dans des cercles de sociabilité restreints qui emprisonneraient. En somme, la ville favorise la mixité et les rencontres. Or, je trouve tout cela à Paris. Cette considération peut sembler banale, mais il est nécessaire d'en repartir : ceux qui font la ville, ce sont d'abord ceux qui y habitent. Il est vrai que la capitale parisienne pourrait changer par bien des aspects ; cependant, elle est également extrêmement riche et satisfaisante par la qualité et la diversité de ses habitants. C'est ce qui en fait un lieu de culture – au sens noble du terme – toujours très puissant et inspirant.

Les grands magasins incarnent à leur manière cette dimension à la fois mythique et populaire. Aux *Galeries Lafayette*, dans notre vaisseau amiral du boulevard Haussmann, nous avons fait le choix de préserver la dimension historique des lieux en mettant en valeur la coupole en verre iconique. Il s'agit d'une décision stratégique et d'un arbitrage important, car en la laissant en l'état, nous choisissons aussi délibérément de perdre de la surface de vente. Cependant, il nous semble essentiel de ne pas trahir ce qui fait également partie de l'identité des *Galeries Lafayette*, bien au-delà de la dimension marchande et des réinventions constantes qu'elle nécessite pour s'adapter au présent. Certaines choses ne changent pas, et aujourd'hui, touristes et Parisiens s'arrêtent ensemble pour jeter un coup d'œil furtif ou photographier cette magnifique coupole. L'image d'un client suspendant sa marche pour contempler la voûte vitrée au milieu de ses achats est d'ailleurs assez symptomatique de notre mission.

De même, le travail que nous menons sur nos vitrines fait partie du rapport particulier que nous avons noué avec les habitants des centres-villes. Sur une plateforme en ligne, une bannière publicitaire et des images de sapin ou de père Noël en fond de page suffisent à rappeler la période de fêtes à l'acheteur. Au contraire, passer avec ses enfants devant la vitrine d'un grand magasin est souvent inoubliable : celui-ci devient alors le lieu du rêve, des possibles, et il incarne la magie des fêtes. Y faire ses achats pendant cette période est aussi, à coup sûr, une expérience unique.

Aujourd'hui, se rendre dans un magasin physique pour acheter un bien n'est pas du tout évident, en particulier pour les jeunes générations. De même que pour les services, qui se sont en grande partie dématérialisés, l'achat de produits passe pour beaucoup par un mode de vie en ligne où les prix et l'accompagnement proposés sont devenus concurrentiels avec ceux du *monde réel*. Outre la dimension humaine et personnelle – sur laquelle je reviendrai –, il y a aussi, je pense, quelque chose qui relève du rapport au lieu, de sa magie, et qui a à voir avec la relation intime que nous pouvons entretenir avec les centres-villes.

Ainsi, il est remarquable qu'en France, les centres commerciaux – par opposition aux grands magasins – n'aient jamais vraiment réussi à s'imposer dans les centres-villes. Il n'en va pas de même bien sûr pour les centres commerciaux en dehors des zones urbaines – les *malls* à l'américaine en quelque sorte –, où l'on se rend en voiture et qui comblent bien souvent une absence d'offre de proximité. Cependant, pour ce qui est des centres-villes, pour schématiser, le consommateur français réalise ses achats soit dans des petites boutiques, soit dans des grands magasins. Il aurait du mal à se rendre dans des zones commerciales fermées présentant toutes les boutiques sur le même plan. Le lieu des achats est à cet égard presque aussi important que les achats eux-mêmes : un espace de sociabilité, de culture, où l'on aime se rendre car il est agréable.

Aux *Galeries Lafayette*, ces considérations sont au cœur de notre approche lorsque nous ouvrons de nouveaux sites ou que nous réfléchissons à nos implantations déjà existantes, qui sont très nombreuses dans les centres-villes français. Nous allons, par exemple, transformer profondément nos magasins à Lyon-Bron et à Annecy, et notre démarche est toujours la même : comment penser des centres structurés autour du grand magasin mais qui réunissent aussi d'autres fonctions ? Nous choisissons d'organiser notre offre de façon que les gens y trouvent tout ce dont ils pourraient avoir besoin : l'opportunité d'acheter des produits sur des gammes extrêmement variées et dernier cri, mais aussi la possibilité de se restaurer, d'aller au cinéma, de découvrir de nouvelles choses… À cet égard, les *Galeries Lafayette* se veulent toujours un lieu d'expositions et d'événements pour continuer à rendre l'expérience du magasin unique.

Se réinventer comme se réinventent les villes

On le sait, la pandémie a bouleversé les villes. Le confinement a créé une rupture dans nos habitudes, générant un changement dans le rapport que nous entretenons avec l'autre dans la cité. Le retour à la normale a été accueilli avec un grand soulagement, mais il n'a pas tout à fait remis les choses à la place où nous les avions laissées.

Comment des lieux aussi intégrés à l'espace de la ville que les grands magasins ont-ils fait face ?

Il faut prendre la mesure d'une telle situation pour une institution comme les *Galeries Lafayette*, qui étaient restées ouvertes même pendant la Seconde Guerre mondiale !

Contraints par les confinements, nous sommes, comme beaucoup d'autres, passés par Internet. En plus de notre site internet, nous avons proposé, grâce à des *personal shoppers*, des expériences à distance pour les meilleurs de nos clients. Cette initiative a été une des leçons de cette crise sur le besoin de personnalisation et de contact humain – que nous avions déjà anticipé, mais que les ruptures provoquées par la Covid-19 n'ont pas contredit. Toutes les aides de l'État ont bien sûr été extrêmement précieuses dans cette période où nous ne vendions pratiquement pas, en dépit des contacts réguliers, en particulier avec nos meilleures clientes.

Aujourd'hui, malgré la réouverture et l'horizon de la fin de la pandémie, tout n'est plus tout à fait comme avant. En ce qui concerne le site du boulevard Haussmann, le tourisme de masse, en particulier chinois, n'a pas complètement repris. Ce phénomène impacte fortement notre chiffre d'affaires, bien sûr, mais plus généralement, il change aussi un peu la face de Paris, ville qui vit également grâce et par le tourisme.

En revanche, les clients français sont revenus : preuve que l'habitude de consommer sur Internet prise pendant la pandémie est tempérée par un besoin de contacts humains incarnés dans leur vie en ville. Car la vie est faite de communication et de partage. Or, lorsqu'on télétravaille deux jours sur trois et qu'on ne voit presque personne, il est normal d'avoir envie de se rendre dans les magasins plutôt que d'acheter sur Internet. Il est normal d'avoir envie de voir les gens, les choses, de toucher, de participer à la vie collective.

L'une des principales caractéristiques des villes est de satisfaire en nous la dimension d'*animal social*.

Certes, nous sommes des individus ayant des besoins, des envies et des affects propres, mais nous vivons aussi en société, et nos désirs sont guidés par l'image que nous projetons et que la société nous renvoie – d'ailleurs, pour le meilleur comme pour le pire. Internet ne permet pas cela, ou s'il le permet, c'est de manière détournée, par l'intermédiaire d'un algorithme qui, dans sa conception même, interdit la rencontre avec l'inconnu. Là réside la grande différence entre un modèle économique fondé sur la consommation par affinités dans des lieux réels et un autre basé sur la seule captation de données personnelles.

Les *Galeries Lafayette* sont surtout spécialisées dans la mode : le fait de se rendre en magasin a cela de particulier qu'il est possible d'éprouver directement les textures, d'apprécier les coupes, d'essayer les vêtements, etc. Même si renvoyer des articles est devenu facile et si les politiques de remboursement sont de plus en plus souples, Internet ne pourra jamais remplacer cela.

Pour brutale qu'elle ait été, la pandémie a donc surtout renforcé notre diagnostic : nous avons besoin de plus de sociabilité dans nos villes encore traumatisées par le confinement. Les grands magasins sont des lieux qui peuvent nous aider collectivement à répondre à ces chocs.

Offrir des expériences uniques

Notre travail est donc de rendre l'expérience en magasin la plus riche possible.

Comme nous l'avons révélé il y a peu, nous sommes sur le point de transformer le sous-sol du magasin du boulevard Haussmann en un espace bien-être tourné autour des produits cosmétiques, en essayant évidemment d'avoir les marques les plus rares, introuvables ailleurs, mais aussi en offrant la possibilité de profiter d'un spa, de réaliser des activités, de rencontrer des conseillers, etc. Il s'agit d'un projet d'expérience globale, qui n'est évidemment pas possible sur Internet ou dans de petites boutiques.

Dans les villes moyennes où les centres sont parfois dévitalisés, les *Galeries Lafayette* restent un passage incontournable grâce à leur localisation généralement idéale et ancienne, en plein cœur. Historiquement, au rez-de-chaussée, nous vendons des produits de parfumerie et de cosmétique. Il y a bien sûr une raison à cela : ces produits peuvent représenter un luxe accessible, achetés souvent et amenant les gens à entrer et ainsi à découvrir le magasin.

Dans ces villes aussi, il faut chercher à offrir des expériences spécifiques et uniques.

Lorsqu'on est implanté dans le tissu urbain, la notion est immédiatement là. On répond donc à cette fonction, à ce besoin vital : vous entrez, vous achetez, vous allez voir l'exposition s'il y en a une, puis vous sortez, et vous vous trouvez immédiatement dans une situation de communication, à proximité des bars, des cafés, des rencontres. À Toulouse, le toit-terrasse des Galeries Lafayette est l'un des lieux branchés de la ville. Les Toulousains et les touristes viennent y admirer la plus belle vue qu'il soit possible d'avoir sur la Ville rose… Là comme ailleurs, notre défi est toujours d'essayer de présenter *la* caractéristique la plus exceptionnelle et la plus attractive à partir de laquelle s'ouvre un monde des possibles.

C'est ainsi qu'au fil des années, les *Galeries Lafayette* sont devenues un repère historique des villes, un *landmark*. Il est important, à une époque où nous avons l'impression de ne plus avoir prise et d'être déboussolés par les crises – climatique, pandémique, militaire… –, de pouvoir malgré tout nous raccrocher à quelque chose de tangible et en même temps de désirable, inscrit dans l'espace de la ville.

Nous essayons d'être ce chaînon entre tradition et ouverture, en donnant accès à des services exceptionnels. Par exemple, dans beaucoup de nos magasins, les vendeurs disposent de tablettes qui permettent aux clients d'avoir accès à toutes nos marchandises livrées dès le lendemain, en particulier les marques de luxe ou certaines pièces spécifiques. Les vendeurs présents sur place expliquent les produits, donnent des conseils. Cela peut sembler un détail, mais l'on constate que c'est aussi pour ce genre d'attention que les clients continuent à venir sur site même s'ils recourent en parallèle à Internet.

Comme dit précédemment, nous organisons également des événements dans nos magasins : des expositions, des concerts, des rendez-vous solidaires. Dans la mesure où nous sommes conscients que le modèle traditionnel de consommation atteint ses limites et qu'il faut penser les conditions d'un renouvellement, nous avons créé à Haussmann un espace de recyclage de vêtements. Nous vendons des habits recyclés, vintage, et nous reprenons des vêtements afin qu'ils soient donnés à Emmaüs ou revendus. Avec certaines marques, il est possible de ramener son ancienne montre en échange d'un bon d'achat, pour encourager à ne pas s'en débarrasser purement et simplement. Fidèles à notre vocation initiale, nous vendons certes, mais nous cherchons aussi à limiter le gaspillage par la même occasion. Nous entraînons également les marques dans une démarche de production plus raisonnée. C'est ainsi que nous avons lancé un label, Go for Good, afin de promouvoir une mode plus responsable qui permet d'apprécier les produits dans leur ensemble – agriculture biologique, conditions éthiques, matériaux recyclés selon les produits concernés, etc.

Limiter le gaspillage et le gâchis permanent est un autre défi pour la ville de demain. En tant que lieu de consommation, nous avons une responsabilité particulière, et nous avons à cœur de l'assumer.

De quelques considérations sur la ville

Finalement, ce parallèle entre l'échelle de la ville – dont je ne suis pas une experte – et celle du grand magasin – qui est mon domaine d'activité – nous permet de tirer quelques grandes leçons et de tracer, à gros traits, les contours d'une certaine idée de la ville.

Il est souvent mis en avant que, pour se projeter dans une ville meilleure, il faudrait partir du quartier. Je suis quant à moi plutôt perplexe à ce sujet. Si je voulais me limiter à tout ce qui se trouve dans un rayon de quinze minutes à pied de chez moi, comme ceux qui prônent l'idéal d'une « ville du quart d'heure », j'irais habiter dans un village. À l'inverse, ce que je recherche en ville, c'est d'abord de la diversité et même une certaine distance, une rupture avec mon train-train quotidien et mes habitudes routinières, la possibilité de m'échapper, d'être anonyme pendant quelques instants. Or, si je suis enfermée dans un cercle dont le rayon de quinze minutes forme mon quartier, c'est impossible.

De même, au risque de m'inscrire en faux contre beaucoup ou de ne pas paraître politiquement correcte, l'idée des forêts urbaines me paraît étrange. La ville n'est pas une forêt ! Pourquoi pas en périphérie, mais pas à l'intérieur, même si des espaces verts sont incontestablement nécessaires pour assurer la respiration de la ville.

Cette idée en rejoint une autre. Pour moi, la notion de ville inclut aussi celle de la circulation, de la fluidité. S'il est normal que les fonctions de base dont on a besoin se situent autour de chez soi – le boulanger, le boucher, le supermarché, l'école primaire –, il n'y a rien de choquant à ce que l'exposition, le film ou la pièce de théâtre que je veux voir m'amènent à quitter ce confort et à me déplacer. Or, la ville telle qu'elle est conçue actuellement autour des mobilités et des circulations dites «douces» me semble largement pensée pour les jeunes actifs sans enfants.

Pour être inclusive, la ville idéale doit donc prendre en compte une population plurielle, d'abord à partir des services publics de transport – en améliorant le réseau et la régularité des autobus par exemple, ou encore en dotant toutes les stations de métro d'escaliers mécaniques ou d'ascenseurs. Commencer à envisager la question climatique me paraît impossible sans prendre à bras-le-corps le problème des transports pour tous. Cette approche est d'autant plus fondamentale que les personnes qui ont fait le choix d'habiter en ville se sont fiées, me semble-t-il, à la promesse tacite que la cité était un lieu de fluidité et de mouvement. Qui rêve d'habiter dans un environnement dense où se déplacer est impossible? Certes, le défi est de taille – logistique, économique, environnemental… –, mais a-t-on vraiment le choix?

Pour le groupe Galeries Lafayette, la question s'est posée de manière aiguë dans la mesure où le *Bazar de l'Hôtel de Ville* (*BHV*) connaît des difficultés depuis la suppression des voies sur berges… Si l'on veut que les grands magasins continuent à exister, il est essentiel de permettre aux gens de s'y rendre – c'est même la moindre des choses qu'on est en droit d'attendre d'une municipalité. Or, pour l'instant, si certaines intentions sont louables, les Parisiens, et plus généralement les habitants des grandes villes, sont incités à ne plus prendre leur voiture, mais sans qu'une alternative satisfaisante leur soit offerte. Le vélo et les trottinettes ont bouleversé le paysage urbain, mais sans réglementation ; de même, en étendant les espaces de terrasses, de nombreux trottoirs sont devenus impraticables. Tant sur le trottoir que sur la chaussée, la circulation n'est plus pensée comme une dimension essentielle de notre rapport à la ville, ce qui constitue un paradoxe surprenant.

Une réflexion doit également s'imposer sur la facilitation de la garde des enfants pour les familles et en particulier pour les mères seules. Il faut à cet égard développer des idées sur le coût de la garde. Il n'est pas normal qu'une jeune mère ou un jeune couple de parents dépense la moitié de son salaire pour assurer la garde de ses enfants. En revanche, il faut aussi partir d'expériences positives qui existent déjà. Ainsi, cette question est plutôt bien gérée dans une ville comme Paris lorsque les enfants commencent à aller à l'école.

Enfin, il faut réussir à préserver la mixité sociale dans les villes. À Paris, elle s'atténue de plus en plus, et les prix de l'immobilier augmentent encore. Or, il est très important de parvenir à conserver cette mixité pour garder le tissu social.

Cet aspect est fondamental, et nous y réfléchissons en permanence. Les *Galeries Lafayette* ont toujours eu à cœur la volonté d'être à la pointe de la mode tout en la rendant accessible à tous, et en même temps d'être un lieu de culture, de mixité, de diversité et de rencontre. Cette logique de l'accessibilité est la clef du succès. Je fais le pari qu'elle pourrait être celle d'une mixité retrouvée si nous la transposions à la ville.

6

*

Ma ville idéale est fière de sa diversité, engagée et fraternelle

MARIE TRELLU-KANE

Présidente d'Unis-Cité

Fondatrice d'Unis-Cité, à l'origine du Service civique des jeunes en France, et entrepreneuse sociale engagée, Marie Trellu-Kane dessine une ville idéale au centre de laquelle navigue une jeunesse diverse, fraternelle et solidaire, mobilisée au service de nos grands défis sociaux et environnementaux. Rompre l'isolement social, veiller à ce que personne ne reste sur le bord de la route, célébrer la diversité au cœur des villes, sauver notre planète : selon elle, aucun de ces défis n'est insurmontable. Encore faut-il investir dans l'éducation à la fraternité et rendre l'engagement citoyen possible pour tous, avec ambition et pragmatisme.

* * *

D'aussi loin que je m'en souvienne, j'ai toujours été attirée par la diversité. Le sens de mon engagement peut d'ailleurs se résumer en un mot : réunir.

L'association que j'ai cofondée à la fin des années 1990, Unis-Cité, reflète bien cette ambition : *Unis* – réunis dans nos différences – *pour la Cité*, au sens platonicien d'espace politique partagé. L'idée de réunir les gens, dans et avec leurs diversités, pour agir et améliorer la vie dans la cité, vient de loin. Il faut remonter à mes années à l'École supérieure des sciences économiques et commerciales (ESSEC) à Cergy-Pontoise, ville nouvelle, ville de la banlieue nord de Paris. J'évolue alors dans un environnement qui reflète tous les écarts que j'ai par la suite essayé de résorber et toutes les diversités que j'ai tenté de réunir tant elles me semblent être une richesse à exploiter. Autour de moi, il n'y a pas une ville mais des villes, pas une jeunesse mais des jeunesses : d'une part, celle de la grande école de commerce, l'élite sociale et économique du pays, majoritairement blanche et composée, à l'époque en tout cas, essentiellement d'enfants de cadres supérieurs, de médecins, de chefs d'entreprise, mais aussi d'enfants de prof comme moi, moins aisés mais dont les parents connaissent le système... Les filles et fils d'employés, d'ouvriers, de chômeurs, sont quasi inexistants ; les jeunes issus de l'immigration aussi. Une absence totale et désespérante de diversité. Et puis, il y a d'autre part la jeunesse des quartiers de Cergy, comme celui dans lequel je vis, des jeunes de toutes les couleurs, dont les parents viennent de nombreux pays du monde, qui pour certains ont arrêté l'école un peu trop jeunes, et pour d'autres s'accrochent, avec une chambre pour quatre, peu de livres à la maison, les petits frères et les petites sœurs à garder, déjà de nombreuses responsabilités alors qu'ils ne sont que des ados...

Je passe ces années, tournant de ma vie, au cœur de l'inégalité des chances. Je vis entre deux mondes qui s'ignorent et se jugent mal : les difficultés et la richesse de la vie dans les quartiers prioritaires se mêlent à l'insouciance et à l'assurance des étudiants de grandes écoles. La journée, je suis avec l'élite sociale et économique de la France, et le soir, dans un quartier populaire, bourré de vie, de diversité, d'entraide, de solidarité, mais aussi de trafics de drogue, de décrochage scolaire, de mômes qui grandissent seuls et de mères isolées. Ce grand écart, je le trouve difficile à vivre mais aussi extrêmement riche, car il aide à comprendre ce qui dysfonctionne dans notre société, les malentendus, ce qu'il est possible de faire pour changer le cours des choses, et ce qui sera plus compliqué à modifier. Il aide à regarder le monde tel qu'il est pour tenter de l'imaginer tel qu'il devrait être.

Au fil de ces mêmes années, mon expérience de plusieurs mois en Afrique francophone, en mission humanitaire au Mali et au Burkina Faso, m'apporte une énergie similaire : celle que l'on acquiert en se confrontant à la diversité du monde, ainsi qu'aux différents modes de pensées et manières de vivre. Celle aussi que l'on retire de la confrontation aux inégalités mondiales et de notre besoin, éminemment humain, de lutter contre ce qui nous semble inacceptable, de panser et de changer le monde.

Cependant, c'est une autre partie du globe qui inspirera la naissance de l'association Unis-Cité : mon séjour aux États-Unis pendant mes années d'études m'a permis de concrétiser la façon dont je pouvais agir en fonction de ce que j'avais constaté toutes ces années. J'ai fondé Unis-Cité en sortant de l'ESSEC, et depuis, l'association a servi de modèle et de locomotive à la création puis au développement du

Service civique des jeunes en France[2]. J'étudiais alors l'économie urbaine et l'aménagement des villes aux côtés d'Alain Sallez, et j'ai rencontré en France, grâce à une bourse d'entrepreneuriat social, une jeune Américaine, Lisbeth Shepherd, venue nous parler d'une association américaine dont le président Clinton s'était inspiré pour créer un nouveau programme fédéral de mobilisation citoyenne des jeunes : AmeriCorps, sorte de service civil volontaire à l'américaine. Cette association, c'est City Year (une année pour la ville). Depuis le début des années 1990, elle mobilise chaque année des jeunes des différentes communautés culturelles aux États-Unis et leur propose de consacrer douze mois, en équipe de jeunes de toutes les communautés, à être acteurs de changement : dans les écoles, les quartiers pauvres, les hôpitaux, etc. Une année au service de la société, une année pour changer la ville.

2. Créé par la loi du 10 mars 2010, le Service civique, sorte de service national civil et volontaire, permet aux jeunes entre 16 et 25 ans (30 ans pour ceux en situation de handicap) de consacrer six à douze mois, à raison d'au moins vingt-quatre heures par semaine, à une mission d'intérêt général au sein de services publics ou d'organisations à but non lucratif, tout en recevant une indemnité de 580 à 680 euros par mois, des formations civiques et citoyennes, ainsi qu'un accompagnement dans la réflexion sur leurs projets d'avenir. Le dispositif a été créé sur le modèle expérimenté par Unis-Cité depuis 1995.

De là naît notre vision : et si en France aussi, tous les jeunes consacraient une année de leur vie à mener des actions concrètes de solidarité en bas de chez eux, en équipe de jeunes de tous les quartiers, de tous les milieux, de toutes les origines, de toutes les croyances ? Et si l'on réunissait, pendant huit à dix mois, les jeunes des quartiers de Cergy et ceux de l'ESSEC pour qu'ils apprennent à se comprendre et à se respecter, qu'ils s'enrichissent de leurs différences tout en allant aider les autres, en retroussant leurs manches face aux besoins de notre société ? Ne changerions-nous pas durablement les mentalités dans notre pays, ce pays tellement normé et qui a si peur de la différence tant il recherche « l'universalisme » ? C'est en tout cas la conviction de celles et ceux qui, avec moi, ont créé et portent Unis-Cité depuis plus de vingt ans maintenant. La conviction que si tous les jeunes de ce pays, d'où qu'ils viennent et quels que soient leurs projets d'avenir, consacraient une année de leur vie à agir pour l'intérêt général tout en faisant l'expérience de l'action collective dans la diversité, notre pays serait plus fort et plus uni : plus heureux, fraternel, engagé, capable de faire de sa diversité une richesse et de sa jeunesse une force.

Aujourd'hui, Unis-Cité est une association nationale implantée dans toutes les régions métropolitaines et à la Réunion, qui mobilise, forme et accompagne plus de 10 000 jeunes chaque année. Elle dispose d'un budget annuel de 33 millions d'euros et compte 450 salariés. C'est surtout l'histoire d'une organisation qui a inspiré une politique publique faisant aujourd'hui consensus quant à sa pertinence et à son utilité sociale : le Service civique, qui s'est construit pas à pas sur la base de ce que nous avions expérimenté avec Unis-Cité depuis 1995. 2005, création par le président Chirac, sur le modèle d'Unis-Cité, du « service civil volontaire ». Mars 2010, dans la continuité de ce dernier, création du Service civique par Martin Hirsch, dispositif qui mobilise aujourd'hui 200 000 jeunes par an autour de missions d'intérêt général de six à douze mois dans les écoles, les hôpitaux, les associations, les maisons de retraite, tout en leur apportant une indemnité de subsistance mensuelle, un encadrement, des formations civiques et un accompagnement personnel. Ce dispositif a été créé sous Nicolas Sarkozy et fortement développé tant par François Hollande que, depuis la crise de la Covid-19, par Emmanuel Macron.

Je continue cependant de penser que nous devrions aller plus loin, que le Service civique devrait être amélioré, par exemple pour garantir la mixité des jeunes et améliorer leurs formations et accompagnement, et surtout qu'il devrait être généralisé. Il devrait être porté au plus haut niveau comme notre nouveau « service national », comme une année de césure citoyenne incontournable dans le parcours de tous les jeunes – consacrée non pas à prendre les armes mais à « faire leur part » face à l'ampleur des urgences sociales et environnementales. Si notre pays a besoin d'apprendre à ses jeunes à réagir en cas de crise, d'attentat, de guerre..., il a aussi besoin de répondre à leur besoin de sens et d'action face à un monde qui va mal, de leur montrer qu'ils peuvent tous être acteurs de changement. Apporter sa pierre à la construction d'une société plus solidaire, accueillante, écologique, par des actions de terrain auprès de celles et ceux qui en ont besoin, par des actions concrètes de solidarité et de préservation de l'environnement, c'est une, voire la seule, manière d'espérer et de croire qu'un avenir meilleur est possible. Permettre à nos jeunes de vivre cela, c'est redonner à notre société à travers eux son pouvoir d'agir et de croire en l'avenir.

C'est ce que je tente d'expliquer, données d'impact et modalités concrètes de mise en œuvre à l'appui, dans mon dernier livre paru en 2021 aux éditions

Débats Publics : *Liberté ! Égalité ! Et ? Pour un autre service national*. C'est aussi la raison pour laquelle je n'ai jamais lâché Unis-Cité, locomotive de cette idée, portée aujourd'hui par des dizaines de milliers de jeunes, ainsi que par des équipes de professionnels et de bénévoles incroyables partout en France, même si j'ai eu l'occasion de faire en parallèle d'autres choses passionnantes : apporter le regard de la société civile aux gouvernements qui se sont succédé depuis le début des années 2000 en contribuant aux avis du Conseil économique, social et environnemental dont j'ai été membre pendant dix ans, participer à l'ESSEC à la création de la première chaire d'enseignement consacrée à l'entrepreneuriat social dans une grande école, y ouvrir le premier incubateur et fonds d'amorçage philanthropique (Antropia), accompagner plusieurs grandes entreprises dans la définition de leur politique de responsabilité sociale et environnementale, ou certains pays en développement, notamment en Afrique francophone, dans la mise en place de politiques de participation citoyenne et de volontariat des jeunes. Il faut dire que pouvoir rencontrer et échanger au quotidien tant avec des jeunes réfugiés ou des jeunes de quartiers aux parcours incroyables qu'avec des ministres, des hauts fonctionnaires ou des chefs d'entreprise, même aux parcours plus lisses, et consacrer 100 % de son énergie et de son temps à redonner aux jeunes qui n'y croient plus les raisons d'espérer, c'est une chance qui n'est pas donnée à tout le monde. Alors, tant que la vision que nous sommes aujourd'hui nombreux à partager n'est pas une réalité, tant qu'il ne fait pas partie du parcours de vie et d'éducation de tous les jeunes de dédier une année de leur vie à exercer leur pouvoir d'agir pour un monde meilleur tout en vivant l'incroyable expérience de la diversité, je continue.

Cela étant posé, quelle est ma ville idéale ?

Ma ville idéale est diverse, solidaire et fraternelle. Elle rend visible et célèbre une jeunesse engagée.

Une ville unie dans ses diversités

Ma ville idéale aura mis fin aux quartiers ghettos. Car les quartiers de nos villes, voire nos villes en général, sont aujourd'hui, on ne peut le nier, devenus des ghettos. Des ghettos de pauvres, des ghettos de riches, des ghettos dont on a bien du mal à sortir tant la différence nous effraye, tant le phénomène de repli sur soi s'est accéléré ces vingt dernières années. Notre impuissance politique à faire respecter les quotas de logements sociaux et très sociaux dans toutes les villes, notre incapacité à dessiner des politiques favorisant le brassage et la rencontre entre les diversités qui peuplent notre pays, voire à investir dans les expériences qui existent et pourraient changer les choses[3], ont conduit au repli communautaire que tant de politiques décrient pourtant, dans les quartiers aussi bien aisés que populaires. Ma ville idéale se situe à l'opposé : elle est mixte, fière de la diversité des origines, des croyances et des habitudes de vie de ses habitants. Elle est composée de quartiers multiculturels, mixtes socialement, où 100 % des enfants vont dans des écoles faisant vivre au quotidien cette diversité dans des collectifs de tous les milieux, toutes les cultures et toutes les croyances. Une ville où l'idéal français d'universalisme ne s'oppose pas à la célébration des diversités, où comprendre les croyances, les modes de vie, les histoires des peuples du monde, fait partie des fondamentaux du vivre ensemble et de l'éducation de tous. Une ville qui a pris conscience que la diversité est une richesse et qu'elle est source de créativité.

3. Par exemple en incluant dans le Service civique le modèle de missions collectives avec mixité sociale imposée expérimenté par Unis-Cité à grande échelle…

Une ville fraternelle et solidaire

Ma ville idéale est solidaire. La solidarité nationale y est organisée, confortée dans ses principes et ses moyens, en harmonie avec une solidarité de proximité, citoyenne, qui s'exprime au quotidien et qui est soutenue par les pouvoirs publics. C'est une ville où la lutte contre l'isolement social est l'affaire de tous, où chacun veille à ce que son voisin ne manque de rien, garde le lien, où les mères isolées ne le sont plus car leurs voisins sont là, où les enfants ne sont jamais seuls car il y a toujours un adulte pour s'occuper d'eux en cas d'absence des parents. Une ville, en somme, qui a pris un peu de la culture africaine, cette dernière ayant bien des choses à nous (ré)apprendre à cet égard. Dans ma ville idéale, la fête des voisins est une évidence, et les « voisins solidaires » voulus par Atanase Périfan sont une réalité : ils sont parfaitement organisés, soutenus par la collectivité, et veillent à s'entraider quoi qu'il arrive. Pas un quartier sans maison de quartier, à la fois lieu de convivialité, d'échanges, de rencontre entre les générations, d'entraide, où les personnes âgées peuvent venir jouer aux cartes ou discuter, les parents déposer leurs enfants pour quelques minutes ou quelques heures, le temps de faire leurs courses ou d'aller chez le médecin, les enfants bénéficier de soutien scolaire pris en charge par la ville et par des bénévoles, les jeunes se retrouver et avoir accès à la culture, à des jeux éducatifs, aux conseils des anciens, mais aussi à des opportunités d'engagement dans le quartier et au-delà.

Dans ma ville idéale, le Community Organizing, tant développé au Canada notamment, est aussi répandu que l'air... Des animateurs formés sont mobilisés par la commune, dans tous les quartiers, pour faire émerger la parole des habitants et construire avec eux les projets de la ville. Les évolutions d'aménagement du territoire, les projets culturels, cinémas, théâtres, équipements sportifs, tous les grands projets de la ville sont décidés avec les habitants et gérés avec eux. Chacun se sent responsable du bien commun, car il a la possibilité d'en être codécisionnaire et cogestionnaire.

Une ville qui célèbre une jeunesse engagée

Pour finir, ma ville idéale grouille, évidemment, de jeunes engagés, et en particulier en Service civique, l'année de césure citoyenne étant devenue un incontournable chez les 16-25 ans, tous milieux confondus... Chaque jour, des jeunes issus de tous les quartiers de la ville, du plus riche au plus pauvre, arpentent ensemble les rues à la rencontre des sans-abris, ou pour aider les personnes âgées ou en situation de handicap dans leurs déplacements, éduquer la population aux enjeux et aux moyens de préserver la planète, etc. Ils sont mobilisés dans les écoles, les hôpitaux, les maisons de retraite, les garderies, les associations, les accueils des mairies... Ils portent les couleurs des causes qu'ils défendent, le jaune pour ceux qui sont mobilisés auprès des seniors à l'instar des jeunes du Service civique solidarité seniors, le vert sans doute pour ceux engagés en faveur de l'environnement, l'orange, le bleu... Leurs tenues et leurs couleurs ont été choisies conjointement par le ministère en charge des jeunes engagés et par les acteurs associatifs mobilisés sur la cause concernée. Ces jeunes, célébrés chaque année à l'occasion d'une cérémonie de fin de Service qui se tient à la mairie en présence des familles, des amis et des élus locaux, apprennent l'engagement en agissant concrètement là où on a besoin d'eux... Ils sont la colonne vertébrale de notre ville fraternelle. Ils sont la preuve vivante, visible dans la ville, de l'envie d'engagement et du pouvoir d'agir des 16-25 ans dans leurs diversités.

Ma ville idéale est donc multicolore, optimiste, positive, vibrante, solidaire, fraternelle. Elle célèbre le pouvoir d'agir des citoyens et en particulier des jeunes, comme elle célèbre la richesse de la diversité. Comme le disait Ghandi, « nous sommes tous le changement que nous voulons dans le monde ». Alors, construisons-la, cette ville idéale ! Il nous faudra juste un peu de volonté, politique et citoyenne, mais nous en sommes capables.

7

*

Fabriquer en commun la ville de demain

CÉLINE PEUDENIER

Membre du directoire du Groupe SOS

* * *

Rome ne s'est pas faite en un jour, et nos villes d'aujourd'hui ne se réinventeront pas d'un coup de baguette magique.

La densité et l'ancienneté du bâti, la multiplicité des acteurs et des parties prenantes, la somme d'intérêts contradictoires en jeu, font de la ville un objet difficilement malléable pour les politiques publiques. Pourtant des transformations majeures dans la manière dont on fabrique la ville sont nécessaires dans un temps relativement court pour relever les défis qui sont face à nous : atténuer le changement climatique, passer d'une mobilité subie et polluante à une démobilité choisie, redonner une fonction et un sens à tous les espaces urbains, faire de la ville l'espace privilégié d'un vivre ensemble apaisé, solidaire et créatif.

Compte tenu de la technicité des sujets et de l'urgence, la tentation est grande de confier la planification des changements à des experts. Mais la ville ne sera « idéale » que si les changements d'usages accompagnent les décisions techniques. La prise de conscience et la volonté des habitants sont le seul moteur possible d'une réinvention qui ne doit pas être pensée par le haut. Voilà le paradoxe que la « ville idéale » doit réussir à résoudre ou à dépasser : comment changer vite tout en se donnant le temps d'embarquer le plus de personnes possibles dans la construction d'un nouveau modèle ?

À cet égard, nos activités au sein du Groupe SOS sont à la fois un poste d'observation privilégié, nous donnant une vue d'ensemble tout en permettant des zooms sur des cas d'études, et un laboratoire pour expérimenter cette coconstruction du nouvel espace-temps dans les villes de demain.

Pour tracer les contours d'une « ville idéale », j'aimerais donc repartir des grands défis que nous connaissons – en premier lieu la soutenabilité environnementale et la mobilité – pour voir comment nous pouvons les inscrire dans une nouvelle logique participative.

Une ville qui lutte contre le dérèglement climatique

La dimension du changement climatique est, à cet égard, la plus évidente dans son urgence mais aussi peut-être le meilleur exemple de la forme que devrait prendre l'aménagement. Il serait pour le moins contre-intuitif, en effet, de soutenir que nous devrions, en vue de lutter contre le réchauffement climatique, construire des villes plus vertes à partir de zéro sans tenir compte de la masse considérable de bâti, qui existe déjà et où plus de la moitié de l'humanité est installée.

À partir de l'existant, la logique qu'il faut soutenir est donc bien davantage une logique de *redirection écologique et sociale de la ville*, non seulement en modifiant la manière dont on la pense mais en faisant aussi évoluer ce qui existe déjà.

Partant, elle ne met pas au centre la notion d'adaptation, car cela induirait pour les citadins un constat d'échec, où la seule échappatoire possible se ferait sur le mode de la survie dans des zones urbaines de plus en plus chaudes, de moins en moins vivables. Demain, cette ville idéale sera un acteur à part entière de la lutte contre le changement climatique : elle sera une ville qui l'atténue plutôt que de l'amplifier.

La responsabilité collective sur des projets à toutes les échelles est ici un élément clef, qui implique de penser la ville dans le temps : non pas de favoriser des projets qui s'insèrent dans une réalité souhaitable ici et maintenant, mais bâtir – ou intervenir sur du bâti – pour créer les conditions d'une atténuation du changement climatique demain. Le cas du béton est particulièrement parlant. Non seulement la bétonnisation massive des villes au XXe siècle et au début du XXIe siècle a conduit à la constitution *de facto* d'îlots de chaleur qui, en plus de générer l'aggravation du réchauffement climatique, génère un ressenti plus fort de cette aggravation, mais elle a aussi créé une impasse environnementale très concrète à laquelle nous commençons seulement à être confrontés : les villes bétonnées ne permettent plus d'absorber l'eau. Comment des logiques citoyennes peuvent contribuer à renverser ce paradigme ? J'y reviendrai.

Plus globalement, la logique d'atténuation de la crise environnementale que nous traversons doit intégrer la notion fondamentale du vivant, que des siècles de progrès technologique au service de l'humanité nous avaient curieusement fait oublier. Aujourd'hui, on a organisé le logement et la mobilité dans les villes de telle sorte que le vivant ne peut pas s'exprimer, créant un espace-temps congestionné et nous soumettant à des logiques contradictoires avec notre mode de vie en société. Le modèle qu'il nous revient de fonder doit passer par une ville pensée pour que le vivant – végétal, animal et, bien évidemment, humain – *vive mieux*.

Démobilité et nouvelles polarités

Plus largement, une réflexion autour du logement et de la mobilité est aujourd'hui nécessaire.

Contrairement à ce que l'on a pu projeter, la ville idéale de demain n'est pas une ville de la surmobilité

– qui me semble être un modèle dépassé – mais une ville de la courte distance, une ville de la *démobilité*.

Nous avons en effet longtemps été pris au piège d'un paradigme selon lequel il était important de se déplacer de plus en plus facilement, de plus en plus rapidement. L'idée était simple : les villes pouvaient s'étendre à perte de vue tant qu'il était possible, à travers un réseau de transports – en commun et individuels – développé, *d'effacer* ces distances. Combien a-t-on vu de personnes s'installer très loin de leur lieu de travail pour le luxe d'avoir un peu plus de place, un jardin, une vie plus calme ? Ce rêve-là, on le sait aujourd'hui, nous a conduits à faire fausse route. Les zones pavillonnaires ne sont pas tout à fait des paradis, de même qu'une vie où l'on doit faire quarante-cinq minutes de voiture pour se rendre au travail chaque matin n'a pas grand-chose de désirable, à tout le moins pour les générations qui arrivent aujourd'hui sur le marché de l'emploi.

Un urbanisme qui rapproche les gens de leur lieu de travail – qui n'est d'ailleurs pas forcément le bureau mais qui peut être aussi un tiers-lieu dans lequel on vient travailler – est davantage souhaitable. Non seulement donc la ville de demain privilégie les mobilités dites « douces » – vélo, marche –, mais elle va plus loin : elle les privilégie sur de très courtes distances. Avant de supprimer la voiture, il faut donc supprimer ce pourquoi la voiture a pu nous sembler nécessaire à une époque : le long trajet régulier. Et la forme des villes est à cet égard une variable de taille. À Paris, la pratique de la marche a pu ainsi être favorisée par la manière dont la ville a été pensée ; la situation est très différente dans des villes comme Los Angeles où la marche n'a pas du tout été pensée dans la mesure où le mode de transport privilégié y est la voiture individuelle climatisée.

Comment parvenir à réussir cette redirection qui, au plan urbanistique, constitue une petite révolution ? L'idée est d'avoir une ville avec des polarités beaucoup plus nombreuses.

La ville – et notamment les grandes villes comme Paris – a longtemps été pensée comme une série de cercles concentriques autour d'un hypercentre. À défaut, les modèles moins centralisés faisaient toujours rayonner l'activité autour de quelques îlots très denses où l'on avait concentré le travail physique. C'est qu'historiquement, depuis la révolution industrielle, on a plutôt pensé avec des logiques sectorielles, où des pôles de travail étaient créés par type d'activité.

Aujourd'hui, les capacités de travail à distance doivent nous permettre de changer de paradigme. Nous sommes invités à penser les villes de manière très différente : ces pôles sont plutôt des pôles de proximité, entraînant de nouveaux modes de vie – travailler près de chez soi dans un tiers-lieu et de se rendre parfois chez des clients ou des partenaires avec des mobilités douces par exemple… À cet égard, il est beaucoup plus facile et évident d'envisager de prendre de temps en temps un vélo électrique pendant quarante-cinq minutes pour se rendre chez un client plutôt que de prendre ce même vélo tous les matins, par tous les temps, pour se rendre au bureau. Cette métamorphose de la ville épouse aussi celle des pratiques de travail.

Redynamiser les centres-villes

Pour autant, les villes doivent demeurer des aimants, des pôles d'attractivité économique où la dimension commerciale doit continuer – comme c'est le cas depuis des siècles – à jouer un rôle moteur. La révolution numérique mais aussi une série de changements d'usages n'ont pas été accompagnées de politiques suffisamment ambitieuses au service des centres-villes, qui se trouvent aujourd'hui souvent dévitalisés ou en perte de vitesse.

Dans un certain nombre de villes, le Groupe SOS a développé avec Auxilia – notre cabinet dédié aux stratégies de transition, tourné vers l'opérationnel – des programmes comme Mon centre-ville a un incroyable commerce. L'idée est simple : proposer des solutions aux villes dont le centre a été dépeuplé, mais où les habitants qui restent se retrouvent à exercer des mobilités depuis le centre vers les périphéries pour travailler, faire leurs courses, etc. La vie qu'ils mènent est à tous égards une vie en *sens inverse* : ils vivent dans un centre-ville très bétonné, où il ne se passe presque plus rien et se rendent dans des périphéries – très bétonnées elles aussi – pour leurs activités quotidiennes. Or on sait aujourd'hui de manière suffisamment documentée qu'habiter dans un espace qui n'a pas de sens ou a perdu toute fonction a des impacts psychologiques et donne un sentiment de vide à ceux qui le parcourent. La mission de programmes comme celui-ci est de redynamiser ces centres en leur redonnant une fonction et un sens, grâce au soutien de partenaires publics (Banque des territoires) et privés (Le Bon Coin).

Et à l'épreuve de ce défi, il s'avère que toute une frange de la population est volontaire pour participer à cette redynamisation. Nous ne pensions pas pouvoir mobiliser autant de monde dans des villes moyennes comme Morlaix ou Autun, mais il se trouve que ce sont des cas où cette logique vertueuse a pu percoler et s'installer progressivement.

Ce travail au plus près de celles et ceux qui font vraiment la ville – ses habitants – permet également de faire émerger des dossiers prioritaires. La thématique du vieillissement de la population, de l'accessibilité des villes aux seniors, de l'accès de tous à un numérique responsable... sont autant de thèmes sur lesquels il y a encore beaucoup de progrès à faire.

Ce paramètre me semble particulièrement digne d'attention car la ville de demain doit non seulement être écologique mais aussi apaisée. Pour qu'elle soit apaisée, il faut réduire ce qui irrite et attise les tensions. Or les villes ont été pensées pour la voiture. Dans des centres urbains où la majeure partie de l'espace public a été dévolue à la voiture, les gens se heurtent sur les trottoirs. C'est une absurdité évidente, mais nous avons fini par l'accepter. Mais au-delà du non-sens, c'est surtout une mécanique nocive, qui ne participe pas à l'apaisement de la ville. Elle nourrit le stéréotype selon lequel les urbains seraient stressés et peu aimables, par exemple.

Il nous faut donc organiser une manière apaisée de vivre dans ces espaces, en laissant moins de place à la voiture et plus de place aux mobilités actives – pour répondre à un enjeu de santé publique – et douces – pour répondre à un enjeu climatique. Cela, bien sûr, en continuant à transformer les villes dans le sens de la proximité et de la démobilité, qui suppriment les déplacements inutiles.

Décider ensemble : une ville collaborative et coconstruite

La pratique de l'urbanisme le montre mieux que toute étude théorique : on ne construit plus les villes comme hier.

Auparavant, quelques enquêtes étaient menées auprès des habitants mais l'essentiel de la conception était assuré par des professionnels – urbanistes, dirigeants de collectivités locales, etc. Aujourd'hui, tous les projets sont attaqués : tel entrepôt logistique crée des tensions dans une communauté, telle prison agace les riverains, tel grand projet mobilise tout un tissu associatif, etc. Il n'y a plus de construction d'ampleur dans la ville ou autour de la ville qui ne se heurte aux doléances des habitants… et tant mieux ! Le mécontentement est devenu une donnée essentielle, à partir de laquelle il faut réussir à créer du consensus. Il ne faut pas le voir comme un frein ou un obstacle mais plutôt comme un moteur de l'innovation. Être mécontent, c'est d'abord et avant tout se sentir concerné et donc sortir d'une position de passivité par rapport à l'environnement dans lequel on évolue. Sur ce ferment citoyen et d'engagement, il faut édifier des plateformes de discussion et ouvrir des espaces de coconstruction.

Car c'est bien en fabriquant une décision commune et en n'imposant pas une vision et un chantier aux habitants que nous dessinerons *notre* ville de demain.

Ainsi, avec le Groupe SOS, nous intervenons beaucoup dans les concertations pour se donner le temps et la méthode, poser le débat entre les différents acteurs, avoir une logique où les élus se sentent redevables envers les habitants, et faire selon le souhait de la majorité tout en considérant les avis minoritaires. Il faut orchestrer cette complexité.

Nous nous heurtons également de plus en plus au problème de la légitimité de la décision publique prise sans concertation. À cet égard, une telle décision apparaît comme doublement mauvaise car elle est à la fois malavisée et non démocratique. Dans notre accompagnement des différents acteurs de la ville, nous cherchons à créer les conditions d'une collaboration avec des partenaires de confiance pour poser le dialogue sur un territoire, et aider des représentants de la société civile à faire émerger un projet commun. Ce travail requiert de la pédagogie, beaucoup de patience et évidemment une méthodologie rodée, le préalable essentiel étant d'instaurer une culture commune des participants à la discussion : cela s'apprend.

Mais ce travail nous permet déjà, à vrai dire, à partir d'expériences fructueuses, de voir à quoi ressemble la ville du futur : une ville où les habitants ont cessé de penser qu'ils seraient des pions qui n'ont pas de prise sur ce qui les entoure.

Le temps et l'espace dans la ville idéale

Une image concrète peut illustrer la nécessité de cette reprise en main. Aujourd'hui, en Seine-Saint-Denis, on peut habiter à quinze kilomètres à vol d'oiseau de l'aéroport de Roissy et être obligé de repasser par la gare du Nord, dans Paris *intra-muros*, pour aller travailler dans la zone aéroportuaire. En transport en commun, cela représente quarante-cinq minutes deux fois par jour dans la vie de plusieurs centaines de milliers de personnes. Et ce n'est qu'un exemple parmi d'autres en Île-de-France – dont on pourrait retrouver des équivalents dans tant d'autres métropoles. Or dans cet exemple d'un trajet jusqu'à Roissy depuis la Seine-Saint-Denis, avec un réseau de pistes cyclables bien pensé, le trajet peut se faire en trente minutes en vélo électrique. L'aménagement du territoire n'est donc pas uniquement un enjeu écologique et social, c'est l'une des clefs pour rendre notre monde à tous égards mieux vivable.

La manière de cadrer ces enjeux doit passer selon moi par une réflexion sur une gestion conjointe de notre espace et notre temps dans la ville.

L'espace d'abord. Il serait trop long de développer ici la longue liste des enjeux liés à l'environnement, mais passons en revue certains d'entre eux. Nous vivons pour la plupart d'entre nous dans des villes qui aujourd'hui ne sont pas énergiquement performantes au niveau de la gestion de la température (qu'il s'agisse de se protéger du froid ou du chaud), même si la situation est moins pire que pour les lotissements ou les maisons individuelles, qui sont par nature plus énergivores. Deuxièmement, la ville n'est pas poreuse et nous n'en avons plus conscience. Aussi paradoxal que cela puisse paraître, la question de l'eau en ville a été soigneusement évacuée par des urbanistes : on l'a mise à l'écart, considérant qu'elle serait traitée en dehors des villes ou dans les égouts, cachée… Or le béton a eu exactement l'effet inverse : il crée de l'accumulation d'eau en grande quantité – une eau qui, en régime naturel normal, devrait être absorbée par la terre. Cet enjeu est couplé à un problème de végétalisation de la ville. Car planter quelques arbres ou végétaliser des murs ne suffit pas.

Certaines réponses sont particulièrement intéressantes. Les plans de végétalisation des cours d'école, dont Paris et Lille ont été pionnières, ont des effets bénéfiques observables à plusieurs niveaux. Cela demande de l'entretien mais cet entretien permet aussi de lutter contre le chômage encore important en France, et d'associer les élèves dans le cadre de projets pédagogiques. À l'heure où la capacité de la ville à absorber l'eau est un enjeu majeur quand on sait que les orages et les pluies vont être de plus en plus violents, le simple fait de débétonner les cours d'école devient une pratique vertueuse en termes écologiques, sociaux, et pour le bonheur des enfants.

Mais l'organisation des polarités passe aussi par un enjeu de planification, pour l'inscrire dans la durée. C'est la dimension temporelle. Ainsi, beaucoup de solutions sont possibles pour favoriser la mixité sociale entre Paris et sa banlieue par exemple, et, si nous n'avons pas la réponse définitive, il semble que ce tissage passe par la création de lieux – physiques ou numériques – durables ou par l'aménagement de lieux existants.

Un exemple parmi d'autres est le programme 1 000 cafés, qui propose de réinventer le café de proximité. Ce dispositif développé par le Groupe SOS s'implante dans les communes rurales, mais son succès nous a aussi poussés à en proposer une déclinaison dans les quartiers prioritaires de la politique de la ville afin de soutenir les lieux qui créent un espace fédérateur de convivialité et d'initiatives, à destination des habitantes et des habitants.

Par ailleurs, le Groupe SOS est également un acteur qui accompagne l'émergence et gère des tiers-lieux dont les activités et les usages vont préfigurer ce dont un territoire a besoin. Aux acteurs locaux eux-mêmes de s'approprier et d'intégrer ce tiers-lieu pour parler culture, entrepreneuriat, hébergement, etc. Ces lieux de convivialité sont là pour durer. Ils vont être des creusets de mixité, d'inclusion pour penser la ville de demain sous l'angle social. Leur nécessité est d'autant plus prouvée à l'heure où les grandes cités construites pendant les Trente Glorieuses – parfois avec un certain sens de la démesure – ne remplissent plus leur rôle de mixité sociale, de connexions bien pensées, ni même de pôle d'activité économique. Leur avenir devra de toute façon être repensé… avec leurs habitantes et leurs habitants.

L'engagement des citoyens,
facteur clef dans la ville de demain

Le Groupe SOS étant un collectif d'associations, la dimension d'engagement est au cœur de notre mission. Le fait de travailler ensemble, au profit de tous, est une notion cardinale.

En France, nous avons la chance d'avoir un tissu associatif solide, mais les participants sont de plus en plus vieillissants. L'une de nos priorités, pour insuffler une action *bottom-up* dans la ville, est de régénérer ce tissu grâce à de nouveaux outils. Cela peut passer par exemple par une plateforme de mise en relation des associations et des bénévoles qui déploie sur des territoires, en accord avec les villes, ce type de lieu de rencontres entre associations et bénévoles («Je m'engage à Paris» par exemple). C'est ce que propose Hacktiv, structure du Groupe SOS, engagée dans la Civic Tech aux côtés des collectivités.

Il faut aussi prendre en compte un changement dans le modèle général de l'engagement, qui suppose plus de souplesse et une meilleure organisation. Autrefois, les individus étaient membres bénévoles actifs d'une seule association, en quelque sorte à temps plein. Et cet engagement représentait pour eux l'horizon dans lequel ils pouvaient être mobilisables, entraînant une sociabilité particulière et un ensemble de réseaux par conséquent extrêmement solides mais aussi très disparates. Aujourd'hui, les jeunes notamment se sentent moins en capacité de s'engager pleinement et sur le long terme mais sont à la recherche d'un outil qui leur permettrait de décider de leur engagement semaine par semaine. La jeunesse est donc loin d'être désengagée, mais elle s'engage différemment de ses parents et de ses grands-parents. Les jeunes veulent pouvoir s'engager et se désengager temporairement sans trahir personne, pouvoir dire par exemple : « Ce week-end-là, je ne peux pas. » Si ce modèle fonctionne avec certaines associations, il n'est pas encore reproductible à toutes. Je pense par exemple à des associations de parrainage d'enfants, qui ne sont pas des associations où l'on s'engage une fois de temps en temps, ou de manière ponctuelle et unique.

C'est à nous, et aux associations en général, qu'il revient d'organiser les nouvelles voies de la mobilisation citoyenne. Aujourd'hui, notre modèle de société repose sur le fait que beaucoup de gens se mobilisent sur leur temps libre pour faire fonctionner les espaces communs dans les villes et nous devons favoriser cet engagement, tout en optimisant son impact.

La pandémie, perturbatrice des communs

Une épreuve est venue affecter ce tissu d'engagés, singulièrement cette jeunesse : la pandémie de Covid-19. Et il n'est pas possible de la passer sous silence dans une contribution qui tente de penser la ville de demain.

Au sein du Groupe SOS, 90 % des salariés travaillent dans le secteur social, médico-social et sanitaire, ce qui fait que nous n'avons pas du tout vécu la pandémie de la même manière qu'une grande partie de la population. Les éducateurs, les aides-soignants, les infirmiers, les médecins s'occupaient de jeunes en foyer, de personnes handicapées, de patients malades, travaillaient dans des EHPAD, ils sortaient donc de chez eux et étaient au premier plan, en première ligne. Mais ils n'étaient pas les seuls : les agriculteurs ont continué à travailler, tout comme les employés dans les supermarchés ou les autres commerces alimentaires. Un grand nombre de personnes n'a donc pas vécu l'accélération de la digitalisation du travail due à la crise sanitaire et aux confinements successifs. Les discussions sur la digitalisation de la ville ne doivent donc pas exclure d'office ces personnes, dont le métier ne peut de toute façon pas être transformé en profondeur par le numérique.

Cela étant, il est certain que la crise sanitaire a provoqué des bouleversements dans les villes. La fonction première de la ville étant de se retrouver facilement, les villes se sont soudain trouvées dénuées d'intérêt dès lors que les retrouvailles n'étaient plus permises. Et l'on a aujourd'hui suffisamment de recul pour savoir que cela a conduit à des mouvements migratoires significatifs vers la périphérie des villes ou vers des villes moins denses.

La crise sanitaire nous a également permis de prendre conscience de notre rapport à la nature : la présence de la nature dans la ville est devenue un vrai sujet, qui était déjà latent depuis plusieurs années. Car, nous le savons, l'être humain a besoin d'un accès régulier à la nature pour bien fonctionner. Mais l'humain est aussi et surtout un être social, qui a besoin de connexions avec autrui. Or cette fonction sociale a été comme désactivée pendant la crise sanitaire et les effets psychologiques d'une telle privation continuent d'être immenses.

Cette fonction sociale étant vitale, la ville doit permettre des rencontres et une facilité à interagir que la fonction de digitalisation ne suffit pas à combler, tant il est vrai que les gens ont besoin, pour une partie de leurs interactions au moins, de se voir physiquement. Je crois donc que si le besoin de vert, de nature, d'espace a généré des mouvements de fuite hors des villes, nous assisterons probablement à un mouvement de balancier : les gens vont se rendre compte que la ville présente beaucoup d'intérêts et finiront par y revenir, ou à recréer des espaces urbains ailleurs – ce qui nous oblige à poursuivre la réflexion et rend d'autant plus urgente la transformation des villes.

Réinterroger les objectifs pour des villes qui accompagnent le progrès social

L'espace urbain a été organisé sans prendre en compte la dimension du genre. On sait que les équipements sportifs des villes par exemple sont largement occupés par des hommes. Même dans les piscines, les femmes sont souvent reléguées dans deux couloirs de nage lorsque les hommes prennent tout le reste de la place. Il faut donc entamer d'urgence un travail de rééquilibrage de l'occupation des espaces et de l'espace. La logique est un peu la même que pour la voiture : de même qu'on a décidé de dédier un grand espace à la voiture au détriment des piétons, on a décidé de donner beaucoup d'espace à des activités pratiquées par des hommes au détriment de la place accordée aux femmes. La logique est tout aussi arbitraire. Mais là encore, beaucoup d'expérimentations intéressantes et vertueuses existent : à Mérignac par exemple, les pouvoirs publics ont décidé de réorganiser les cours de récréation en intégrant un objectif : un partage égal de l'espace entre les filles et les garçons.

Il y a aussi des contrevérités : la ville est souvent accusée d'être un espace peu sûr, notamment pour les filles et les femmes. Aujourd'hui pourtant, un homme a statistiquement plus de risques de se faire agresser dans la ville qu'une femme[4]. Il peut être intéressant de partir de ce stéréotype pour penser la ville comme un espace qui soit un outil au service de l'évolution dans l'égalité de genre. Par la proximité et la disponibilité qu'elle génère, elle est en réalité plus sûre que la campagne. On peut en effet y créer des solutions de substitution, pour le problème des violences conjugales par exemple. L'espace bâti peut constituer des hébergements d'urgence pour reloger l'homme accusé de violences conjugales en cas de plainte au commissariat contre lui, afin non pas de l'épargner

4. www.egalite-femmes-hommes.gouv.fr/wp-content/uploads/2021/12/Chiffres-cles-Egalite-femmes-hommes-02-12-2021.pdf

mais de créer de la séparation et de garantir une protection le temps de la procédure.

La densité de la ville est une arme pour des dispositifs comme « Demandez Angela », qui permet à une personne harcelée dans l'espace public de se réfugier dans un commerce partenaire. Le commerçant, alerté, peut ensuite mettre en sécurité la personne dans un endroit isolé, en appelant un taxi, la police... Si la ville multiplie les rencontres et donc les risques, elle multiplie aussi le nombre d'individus qui peuvent vous venir en aide.

L'ensemble de ces constats nous invite à réinterroger nos pratiques et à en inventer de nouvelles. Au plan politique et social, cela passera bien sûr par la mise en place d'instances de codécisions efficaces et valides sur le long terme. Au plan individuel, par un engagement qui doit être motivé par l'envie de dépasser nos préjugés. La ville évolue, elle change vite. Mais ces changements ne sont jamais que l'expression de transformations sociales profondes.

La ville est le présent de 9 Français sur 10[5] et nous devons pouvoir y vivre mieux. Elle est aussi notre

5. www.insee.fr/fr/statistiques/4806694

avenir, tant il est vrai que les humains n'ont pas encore trouvé meilleur modèle pour habiter ensemble. L'urgence des transformations à conduire ne doit pas nous faire peur. Au contraire, la nécessité peut être le catalyseur d'une autre manière de fabriquer la ville, ensemble. Collectivement, nous avons la capacité de rendre la ville meilleure : plus juste, plus verte, plus ouverte.

8

*

La ville idéale est d'abord une ville économiquement prospère

STÉPHANIE PAUZAT

Présidente du Groupe Mileclair, Vice-Présidente déléguée de la CPME

À partir de l'exemple de sa ville, Caen, Stéphanie Pauzat, cheffe d'entreprise et vice-présidente de la Confédération des petites et moyennes entreprises (CPME), met au cœur de son idéal une exigence de prospérité économique et de dynamisme : pour réussir le tournant du XXIe siècle, les villes devront être des outils au service des entrepreneurs et du plein emploi.

* * *

Les bons et mauvais côtés d'une ville

Lorsqu'on doit réfléchir à sa ville idéale, il semble difficile de partir d'autre chose que de sa propre ville, de l'échelle de sa propre ville mais aussi – ou peut-être est-ce une déformation professionnelle ?

– de l'économie de sa propre ville. Repartons donc de là.

J'habite à Caen, ville de taille moyenne, proche de la mer et dont on vante la qualité de vie : on peut facilement faire un tour au bord de l'eau et profiter d'une nature époustouflante. En termes économiques, le port du Havre n'est pas loin et il apporte une dynamique, il insuffle une énergie à la région. Au plan culturel, un vieux centre historique, un château et une multitude d'« attractions » en font une ville digne d'intérêt pour les touristes ; il y a des choses à faire, des choses à voir et l'on peut donc y venir en vacances ou en week-end. C'est également une ville universitaire dynamique et jeune, mais aussi portée par une véritable attractivité économique – à laquelle, de par mon métier, je suis particulièrement attachée.

Si elle n'est pas forcément une ville *idéale*, elle présente donc de nombreux avantages comme, je crois, un grand nombre de petites et moyennes villes de nos territoires. Les facteurs de cet attrait sont multiples, mais ils peuvent pour moi se résumer à un aspect très simple : l'association étroite des entreprises et des entrepreneurs aux instances de décision. Nous avons en effet la chance d'avoir une ville et une région qui demandent aux acteurs de l'économie locale d'être parties prenantes dans des comités de réflexion, des comités d'action, des agences de développement de la région. Or je suis persuadée que c'est la seule manière d'inscrire dans le temps le dynamisme d'une ville. Pourtant, cela ne suffit pas. Caen – que je continuerai à prendre pour exemple – a aussi des aspects moins entraînants, des points de blocage sur lesquels il faut réfléchir pour les dépasser et esquisser un projet de ville idéale.

Quels sont ces problèmes ? L'accès ferroviaire à d'autres villes est parfois compliqué – des trains sont annulés, en retard et la durée des trajets est aussi un inconvénient. Pourquoi faire Caen-Paris met-il autant de temps en train qu'en voiture alors qu'on fait Paris-Bordeaux en deux heures trente ? Pour aller plus à l'ouest, vers la Bretagne, c'est aussi compliqué. On a créé une ligne de TGV pour faire Paris-Pau mais il est très compliqué de faire Caen-Rennes. Or c'est bien l'attractivité des territoires, et donc des villes, qui est en jeu. Si Caen est une ville qui commence à bouger, elle me semble un peu en retard concernant les mobilités.

C'est également un point bloquant pour l'activité économique. Les entreprises sont installées dans des zones proches de la ville mais où parfois il n'y a pas de transports en commun. Et les différents types de moyens de transport ne cohabitent pas bien – les deux roues et les voitures par exemple. Si l'on compare Caen à La Rochelle, on constate que les pistes cyclables sont à La Rochelle beaucoup plus agréables et beaucoup plus sécurisées. C'est une chose qui manque à Caen et, je crois pouvoir le dire, à beaucoup d'autres villes, même si Caen commence à s'emparer du sujet.

Sur l'attractivité, le territoire et les compétences, le nerf de la guerre est donc toujours économique. Une ville idéale sera, d'abord, une ville qui libère son économie et facilite l'entreprise – non pas en tant que structure mais en tant que processus et ensemble d'activités.

Emploi et dynamisme :
le visage de la ville idéale

Différents points nodaux peuvent nous permettre de cartographier la ville idéale. Là encore, je réfléchis à partir d'une expérience personnelle, car je ne crois pas – heureusement peut-être – qu'il n'existe qu'un seul modèle reproductible *in abstracto* n'importe où. Non, même idéale, la ville est située – sa géographie est donc importante.

À cet égard, la mobilité est peut-être la première problématique à aborder. Dans les villes qui sont construites sur des cours d'eau, les ponts sont nécessaires et rendent immédiatement la circulation très difficile, notamment aux heures de pointe. C'est le cas de Caen mais aussi de Rouen par exemple. Comment créer de la fluidité ? La ville idéale est une ville propre, claire, verte, où la sécurité est assurée, où tous les moyens de transport – tram, bus, vélo, trottinette, voiture – sont faciles d'accès et coexistent de manière sereine. Et il ne faut pas négliger l'importance de la voiture, qui est un moyen de transport essentiel pour les chefs d'entreprise ou leurs salariés dans les PME, qui se déplacent souvent en étant chargés de dossiers ou de matériel.

Le développement, la création des zones d'activités doivent être pensés en intégrant la question de la mobilité des acteurs qui vont occuper ces nouvelles zones. Par exemple, il y a trois ans, lorsque nous avons construit notre siège social, une zone à la sortie de la ville était en train d'être développée mais les transports en commun n'avaient pas encore été pensés. Nous avons donc choisi de ne pas nous installer sur cette zone, préférant une localisation avec des transports en commun, et avec un accès facile pour nos équipes vers le centre-ville ou les périphériques. On voit bien comment la mobilité peut devenir un véritable obstacle à une activité économique épanouie et donc à la croissance et à la prospérité des villes et des territoires attenants.

Car il faut bien que les territoires soient attractifs pour que les gens aient envie de venir s'installer et travailler dans la ville.

Sur le plan individuel, il faut être en mesure de proposer des logements décents, agréables et peu chers. Mais il faut aussi pouvoir proposer de la culture, de l'éducation pour les enfants – en tant qu'entreprise, s'il est compliqué de mettre les enfants à l'école là où vous êtes implantés, les personnes que vous souhaitez embaucher ne viennent pas. Nous avons donc besoin d'une politique ressources humaines et emplois qui soit vraiment dynamique.

Dans une ville idéale, l'emploi et les bassins d'emploi doivent être au cœur des réflexions et des projets : les entrepreneurs doivent être la priorité. Il faut que les projets se fassent en commun et beaucoup de progrès sont encore à faire à cet égard : les projets zéro chômeur ou d'insertion n'ont selon moi de vocation que si l'on remet les demandeurs d'emploi dans le système économique classique, même si cela doit prendre du temps. Ces créations d'associations et ces projets doivent donc être construits avec les entrepreneurs et avec les organisations interprofessionnelles.

L'économie au principe de toute ville

Mais remontons encore un peu plus en amont. Aussi vrai qu'il n'y a pas de maison sans toit, il n'y a pas de ville sans économie. Je dirais même : *sans une économie prospère*. C'est la condition nécessaire au développement d'une politique urbaine.

Ainsi, l'ensemble des projets urbains de transport et d'aménagement du territoire doivent être pensés avec les entrepreneurs de la région. Dans le même temps, il est évident qu'il faut aussi mettre en place des garde-fous : on ne peut pas laisser les mêmes personnes décider de tout au prétexte qu'elles exerceraient dans un secteur d'activité pertinent. Je pense par exemple aux centres commerciaux qui, à une époque pas si lointaine, ont pu être construits en surnombre dans des agglomérations, vidant et dévitalisant les centres-villes. Nous y reviendrons.

Il nous appartient donc collectivement – entrepreneurs, pouvoirs publics, société civile, citoyens engagés – de trouver la voie d'une concertation raisonnée et raisonnable. Il est clef, à cet égard, de coconstruire, de bâtir ensemble les décisions qui donneront forme à la ville de demain.

Cette approche n'a d'ailleurs rien d'idéal ni d'idéalisé et encore moins d'idéologique. Au contraire, elle me semble guidée par une dimension pragmatique. Cette coconstruction procède de la composition : elle doit à la fois prendre en compte le marché mais aussi les possibilités de meilleure répartition de la richesse sur le territoire. Car, selon une logique de cercle vertueux, pour attirer les compétences, il faut arriver à proposer des villes plus agréables à vivre, plus vertes.

Dans les entreprises, on constate en effet que les personnes que l'on recrute aujourd'hui, notamment les jeunes, cherchent de plus en plus des emplois qui ont du sens, qui ont de la valeur, qui sont tournés vers l'écologie. Il importe donc, c'est une évidence, de remettre de l'écologie au cœur de la ville, en particulier en plantant des arbres pour donner de l'air et réduire la chaleur.

Connecter nos villes

Mais les réseaux de mobilité, s'ils sont les plus visibles, ne sont pas les seuls auxquels les villes des territoires doivent être rattachées. La connectivité – celle des réseaux *invisibles* – est un enjeu de taille et pourtant souvent ignoré. Car, dans de nombreuses régions, encore aujourd'hui, la couverture n'est pas bonne. Cela complique les conditions de travail dans les entreprises. Les collaborateurs qui travaillent en ville mais qui habitent dans des zones rurales ou périphériques où la couverture réseau est moins bonne se retrouvent pénalisés pour le télétravail, qui est aujourd'hui une pratique de plus en plus répandue depuis le premier confinement dû à la pandémie de Covid-19 et qui peut être un souhait des collaborateurs et des entreprises. À l'heure où très peu de secteurs d'activité peuvent se passer du numérique, le déploiement de la 4G, de la fibre, et le rattachement au réseau de manière générale doivent être une priorité absolue.

Mais à l'heure où la prise en compte de ces transformations radicales, dans la ville elle-même mais aussi à l'échelle du réseau de villes réparti sur le territoire, nécessite des changements d'équipements lourds, des changements de compétences au sein des entreprises, comment les entrepreneurs peuvent-ils faire face ?

Si le « tournant vert » a déjà été enclenché par les grands groupes, qui y étaient contraints mais avaient aussi beaucoup plus de ressources pour mettre en place des actions en profondeur, il s'avère pouvoir être une difficulté pour les TPE-PME. Comment résorber cette impression de double temporalité d'une transition à deux vitesses selon la taille des entreprises ? Peut-être les petites villes sont-elles une clef de cette articulation nécessaire…

La prise de conscience est aujourd'hui indéniable : si nous négligeons les sujets environnementaux, nous perdons les compétences de nos entreprises, ou nous n'en gagnons pas. Or si les TPE-PME étaient en retard sur ces questions, ce n'est plus le cas aujourd'hui et plusieurs actes concrets en témoignent. En interne, par exemple, le tri sélectif est très souvent pratiqué ; nos entreprises travaillent également souvent avec des produits écolabellisés dans la propreté par exemple, etc. Contrairement aux grandes entreprises, les TPE-PME ne communiquent pas sur ces questions, mais ce n'est pas pour autant qu'elles ne sont pas actives.

Le ferment est donc déjà là mais, pour accélérer les choses, je suis persuadée qu'il faudrait que ces pratiques soient valorisées dans les marchés publics à un juste niveau, et que les TPE-PME soient elles aussi autour de la table pour les politiques urbaines, par exemple en ce qui concerne la gestion des déchets. C'est un sujet sur lequel les villes ont compétence et donc décident seules, mais sans demander aux particuliers et aux entreprises ce qui est nécessaire.

J'habite par exemple dans une commune qui ne ramasse plus les déchets verts. Il faut les apporter en déchetterie, mais celle-ci n'est ouverte qu'en semaine, aux horaires de bureau, il est donc très compliqué de s'y rendre si l'on travaille… Cette absence ne permet pas pour autant de réduire les impôts locaux liés aux déchets, ce qui est d'autant moins acceptable pour les administrés. Toute cette logique est donc à revoir, dans un schéma qui associe beaucoup plus celles et ceux qui font la ville, c'est-à-dire celles et ceux qui y travaillent ou qui la font travailler. Les entreprises et les citoyens doivent être associés, consultés, aux décisions municipales qui les concernent directement, de même que nous avons toutes et tous un rôle à jouer pour la construction des bâtiments, l'aménagement de la ville, l'impact de la pollution, etc.

On a bien vu cela avec Rouen il y a quelques années et les conséquences désastreuses d'avoir installé une industrie polluante en périphérie de la ville. Il ne s'agit pas bien sûr d'imposer des contraintes qui iront à l'encontre de ce qu'on veut – réindustrialiser le pays pour avoir plus de souveraineté, plus d'indépendance sur certaines matières premières indispensables –, mais bien de créer des conditions harmonieuses pour que le dynamisme économique prenne en compte l'espace que nous avons en partage.

La ville idéale sur une ligne de crête : l'exemple du tourisme

Pour que nos territoires restent attractifs ou le redeviennent, enfin, il nous faut créer des lieux de vie.

On sait aujourd'hui que les villes attractives sont des espaces qui créent des lieux de partage : des piscines, des lieux où les jeunes peuvent se retrouver, des lieux de spectacles, des tiers-lieux, des associations de musique qui organisent des concerts, etc. Tout cela crée une dynamique et favorise la mixité et le mieux vivre ensemble.

Le tourisme est à cet égard un aspect intéressant. Les villes présentent presque toujours une dimension culturelle qui peut attirer des touristes qui, parfois, au bout de quelques années, prennent la décision de s'installer. Au-delà de son impact économique bénéfique immédiat, c'est donc un levier d'avenir et de long terme pour les villes. Mais il faut aussi faire attention à limiter les effets négatifs que pourrait avoir le tourisme.

Des villes balnéaires comme La Rochelle ou Bordeaux ou bien des villes de montagne connaissent de véritables problèmes de logement l'été en raison du tourisme : les personnes qui viennent travailler de manière saisonnière dans ces lieux ne trouvent pas de logement car ils sont très demandés par les touristes – or louer à des touristes est toujours plus rémunérateur que la location à l'année pour quelqu'un qui travaille. Ainsi, dans ces villes, on n'hésite pas à mettre les étudiants dehors en juillet et août, même s'ils n'ont pas fini leurs examens, pour pouvoir louer ces logements aux vacanciers.

Le tourisme est très positif car il apporte des recettes à la ville et fait marcher l'économie, l'hôtellerie et la restauration. Mais il faut que ce secteur soit régulé de manière collective et mesurée. On a vu comment certaines villes, beaucoup trop dépendantes du tourisme, comme Lourdes, ont souffert au moment de la pandémie car elles se sont retrouvées désertées.

Lutter contre la désertification – voilà un autre défi pour la ville idéale.

*Des centres-villes prospères :
clef du succès de la « petite » ville idéale*

C'est d'autant plus vrai à l'heure où l'on sent une volonté du consommateur de retourner dans les centres-villes, même si elle est encore trop timide, en particulier dans les petites communes. Si l'on ne peut pas se garer en centre-ville, on n'a pas envie d'y venir : la question de l'accessibilité et du stationnement se pose donc inévitablement, de même que celle de l'acheminement des marchandises. À cet égard, les centres-villes piétons ont, je crois, leurs limites. Ils peuvent même être un facteur aggravant du phénomène de désertification. Là encore, la logique du collectif doit s'imposer. Je pense que le centre-ville doit être coconstruit avec les commerçants et les entrepreneurs pour trouver les meilleures solutions.

Mais j'identifie aussi une autre limite : les services publics n'existent plus dans les petites villes. Il y a des initiatives de services publics mobiles, installés dans des bus qui se déplacent auprès des habitants et assurent des permanences dans certaines communes. Mais ce n'est pas suffisant. Un des facteurs qui a tué les centres-villes était les prix des loyers démesurés par rapport à la rentabilité des commerces. Cela a entraîné un cercle vicieux : les commerces ont quitté les lieux et les derniers habitants du centre-ville n'ont donc plus accès à des services ou des facilités de première nécessité et d'usage quotidien. Cette béance laisse évidemment carte blanche à des acteurs hégémoniques et fragilise considérablement – à une échelle qui dépasse, pour le coup, celle de la seule ville – le réseau des TPE-PME, dont le maillage sur notre territoire est une clef de son attractivité économique.

Il faut aussi prendre en compte la dimension de l'attractivité des *compétences*. L'éducation, la formation sont donc des données très importantes pour la bonne santé des villes. Avoir une offre de formation suffisamment large et intéressante attire les étudiants, mais aussi les compétences sur les territoires, c'est un fait.

Nous devons enfin faciliter *l'installation* de nos entreprises : il y a une lourdeur administrative pour tout, que ce soit pour construire un bâtiment ou pour fonder une entreprise. Cette lourdeur monumentale freine l'installation des talents et des volontés dans certaines villes. Je pense qu'avoir un guichet unique au niveau de la ville pour les entreprises et pour les citoyens serait un outil efficace pour donner les moyens de s'insérer plus facilement dans la ville. Simplifier les procédures quelles qu'elles soient reste un enjeu de manière plus globale pour notre pays.

On le voit donc, la ville idéale que j'essaye de dessiner est en prise avec le réel parce qu'elle se base sur des mesures concrètes. Elle n'exclut personne et se fonde sur la codécision et l'inclusion de tous les acteurs. Elle est portée par l'idée que toute communauté humaine tire son énergie collective de la recherche de la prospérité économique pour chacun. Les conditions de cette recherche, et de son aboutissement, sont là.

La ville peut servir de cadre à l'épanouissement des entrepreneurs, de même qu'elle a besoin d'eux pour se développer. C'est peut-être à cette jonction-là, dans ce double mouvement vertueux, que se noue ma vision de la ville idéale : elle prend forme dans une série de mesures concrètes, que j'ai essayé de décliner à partir de l'exemple de Caen.

Si elles ne valent pas partout, ces leçons sont toujours bonnes à prendre pour ce qu'elles sont : le témoignage que l'on peut toujours parfaire les choses, améliorer des processus et créer des dynamiques. Finalement, ma ville idéale continue ce mouvement ; elle redonne leur place centrale à celles et ceux qui y habitent, qui y travaillent..., qui font la ville !

9

*

Qualité de vie et dynamisme : une ville idéale par conviction

CAROLINE HILLIET-LE BRANCHU
Directrice Générale de La Belle-Iloise

Dynamisme et qualité de vie : tels sont les deux principaux attributs de la ville idéale que tente d'esquisser Caroline Hilliet-Le Branchu, présidente directrice générale de La Belle-Iloise. Consciente des enjeux climatiques et des grandes transformations sociétales, cette enseigne familiale vieille de 90 ans se nourrit d'un double héritage inscrit dans les territoires : la force tranquille de la tradition en bord de mer avec la créativité des grandes capitales.

* * *

Paris, ville des villes

Que recherchent les gens qui habitent en ville ?

S'il faut savoir commencer par des questions évidentes, presque trop simples, il faut aussi savoir questionner des réponses qui paraîtraient trop évidentes à leur tour.

Si je devais ne plus habiter en bord de mer et habiter en ville, j'habiterais Paris. Je connais Nantes, Lille, Rennes, et d'autres villes aussi où je n'ai cependant pas vécu, mais je choisirais Paris sans hésiter *intra-muros*.

Pourtant, elle est loin d'être une ville idéale. Tous ses habitants, et même toutes les personnes qui n'y ont été que de passage mais qui en sont tombées amoureuses, vous le diront : c'est l'une des plus belles villes d'Europe et du monde, tout en étant pleine de défauts.

Importante par son histoire, culturellement très riche – avec ses théâtres, ses expositions, ses cinémas, etc. –, elle constitue une sorte d'exception. En France, on ne trouve pas de ville comparable en termes de richesse. Paris est une ville qui a la qualité inhérente de l'audace et de la provocation. Je suis quant à moi assez sensible, par mon métier, aux nouveaux concepts, en particulier en ce qui concerne la distribution et la restauration. Or c'est à Paris, il faut le dire, que naissent ces nouveaux concepts : elle est une ville qui véhicule de nouveaux tests, qui se permet, s'autorise de nouvelles choses.

Si je devais pousser ma réflexion jusqu'en dehors de France, peut-être alors irais-je vers des villes comme Londres ou Shanghai. Mais il se trouve que Paris, capitale de mon pays, se trouve aussi être le lieu du compromis parfait entre beaucoup d'histoire et de culture et avec un dynamisme à même de canaliser une créativité bouillonnante dans de nouveaux concepts innovants.

Au fond, peut-être ma ville idéale est-elle une ville qui sait ménager l'équilibre. Mais lequel ?

Conjuguer modernité, tradition et imaginaire : leçons de La Belle-Iloise à l'usage des villes

J'accorde en effet une grande importance à la créativité, à l'innovation.

L'entreprise que j'ai l'honneur de diriger, La Belle-Iloise, fête cette année ses 90 ans. Cela pourra passer par un détour, mais je pense que les raisons de son succès et de sa longévité permettent au fond assez bien d'expliquer ce que je recherche dans une ville idéale.

Deux raisons expliquent fondamentalement pourquoi La Belle-Iloise non seulement existe encore aujourd'hui mais continue de se développer : la qualité de ses produits et notre capacité à innover.

Certaines décisions historiques ont imprimé cette trajectoire d'une touche particulière. Elles alimentent aujourd'hui ma réflexion. Lorsque nous avons fait le choix de la vente directe en 1967, ce qui a motivé notre succès progressif a été une présence en bord de mer pour proposer des produits de cette qualité. Nous vendions aux touristes un produit non seulement local mais aussi très fin. La Belle-Iloise devenait proverbiale : après avoir passé un bon moment de vacances à Quiberon, on achetait nos conserves locales en souvenir du voyage…

En quatre-vingt-dix années d'existence, les choses changent.

Cette année, en 2022, nous avons ouvert un magasin à Angers, dans une ville moyenne, et un magasin saisonnier à Saint-Jean-de-Monts, en bord de mer. Nous sommes aussi présents à l'étranger : nous avons deux magasins en Belgique et nous vendons à des épiceries fines dans des pays européens – en Espagne, en Allemagne, en Suisse – et dans le monde de manière plus anecdotique, comme au Japon. Nous vendons aussi en ligne et, surtout, nous livrons partout en Europe.

Aujourd'hui, notre stratégie est donc tout à fait différente : nous souhaitons nous inscrire dans un *quotidien* de qualité – j'y reviendrai.

Mais la morale de cette petite histoire tient en ce que la réussite de l'entreprise peut s'expliquer par la conjugaison d'un ancrage local – dans la petite ville de Quiberon – et une attention au produit qui se traduit dans un format innovant. C'est cela, à mon sens, qui pourra constituer demain le ferment de nos villes idéales. À condition que l'on accepte de composer et de faire preuve d'inventivité : à Paris, par exemple, la dimension locale est totalement évacuée ; à l'inverse, dans certaines villes de province, y compris de très beaux endroits, le dynamisme a été tué par la revitalisation des centres. Nous avons collectivement vocation à repenser ces espaces, y compris à partir d'exemples étrangers. Si l'on prend celui d'une ville comme Vienne, très étendue, qui possède des fermes et des exploitations agricoles *intra-muros*, on constate qu'elle peut du même coup appuyer son dynamisme sur la localité. La population locale consomme d'abord local ; le reste vient après – mais avec des opportunités réelles de développement. C'est selon moi la première chose qu'il faut valoriser : aussi bien, d'ailleurs, dans les petites localités – où parfois on ne trouve malheureusement rien de *local* – que dans les grandes agglomérations qui ont aussi vocation à fédérer et à attirer un public plus étendu de consommateurs – nos conserves, et c'est bien là le but, sont de grandes voyageuses.

Comment répliquer cette logique dans l'espace des villes ? La solution n'a rien de linéaire.

Si j'habite aujourd'hui en Bretagne en bord de mer, j'ai aussi habité Paris. J'ai habité en région parisienne, à Asnières. J'ai habité Lille, Rennes, Nantes, Londres. Je ne connais pas toutes les villes et pourtant, comme je l'ai dit, si je quittais le bord de mer, ce serait pour Paris.

Je sais ce qui m'y intéresse. Mais qu'est-ce que je n'y aime pas et qui fait que je n'y vis pas ? Le bruit, peut-être.

Cela peut paraître anodin ou accessoire. Pourtant, après avoir passé quelque temps à Amsterdam, où il n'y a pas de bruit car il n'y a pas de voiture, j'atteste qu'il est particulièrement impressionnant d'être dans une capitale européenne où l'environnement n'est pas stressant car il n'y a pas de bruit.

Les villes comme Paris manquent de silence. Mais elles manquent aussi de vert.

Mes villes idéales auraient des espaces verts, des espaces boisés, végétalisés et moins, beaucoup moins, de goudron. Je suis convaincue que c'est possible. Il faudrait donc tirer parti des espaces verts existants et en créer de nouveaux.

Y voyons-nous un peu plus clair ? Peut-être.

Si je choisis d'habiter à Paris, c'est donc parce que j'aime la culture et le *bon* bruit – pas au sens nocif du brouhaha que je déplore, mais le bruit dynamique, culturel. À cet égard, la ville de Nantes est certainement beaucoup plus verte que Paris mais manque de la richesse culturelle. C'est une ville dynamique économiquement et une ville étudiante, mais il n'y a pas ce sentiment qu'on a à Paris que tout est accessible. Je n'ai trouvé ce sentiment ni à Nantes, ni même à Lille, peut-être parce qu'elle est trop proche de Paris. Dans le même temps, on manque à Paris d'une chose que l'on retrouve en abondance dans ces autres villes : le temps.

Avoir le temps

Là encore, un détour par notre activité de conserverie et son positionnement de marque n'est pas inutile. Ce positionnement, je l'ai dit, est d'abord qualitatif: nos produits sont qualitatifs à la fois sur le fond – ce sont de bons ingrédients, bien cuisinés – mais aussi sur la forme – les boîtes sont belles et iconiques au plan esthétique. Historiquement, nous nous sommes donc développés en bord de mer pour commercialiser un produit local dans des lieux magiques où l'on vient en vacances, en famille. Nos produits sont très vite devenus synonymes de partage, de bons moments, d'émotions. Et ces bons moments sont partagés quand on a du temps.

Aujourd'hui, les aspirations changent et nous devons nous autoriser à vivre ces bons moments au quotidien. Le soir, avec ses enfants, et pas seulement lorsqu'on est en vacances. Nous avons donc développé une activité de vente directe dans d'autres villes. Nous voulons toujours, cela dit, être installés et proposer à nos clients de nous découvrir dans cet environnement qualitatif, dans de belles villes, dans de belles rues. Nous choisissons nos emplacements dans ces lieux uniques car nous savons que la qualité passe aussi par le plaisir d'un cadre agréable. À Paris, nous sommes installés dans de belles rues – la rue Saint-Placide, celle de l'Ancienne-Comédie –; à Lyon, nous sommes aussi dans des rues de déambulation et de plaisir gourmand. Les villes dans lesquelles nous nous sommes installés plus récemment sont des villes plus petites comme Chambéry ou Grenoble, mais où il fait bon vivre.

Et le « bon vivre » – je le crois très profondément – est d'abord et avant tout lié au temps. Si vous n'avez pas le temps, que vous passez des heures dans les transports, vous perdez en qualité de vie.

Or face à l'urgence écologique, nous apprenons à vivre à nouveau en lien avec notre environnement. Et c'est un mouvement que je trouve salutaire à de nombreux égards et duquel je ne vois pas pourquoi nous devrions exclure la ville. La qualité de vie passe par le beau, certes, le « bon vivre » que nous évoquions également, mais aussi par le vert, car on ne saurait se sentir vraiment chez soi sans espaces verts. Il est donc temps d'assumer que nous en avons besoin dans nos villes.

La facilité est aussi un élément essentiel : avoir le temps dans une ville de qualité ne doit pas être un luxe réservé à quelques-uns. À quoi bon prétendre avoir le temps s'il faut se battre dans une lutte à mort pour s'arracher certains de ces bons moments ? Par analogie, l'alimentaire de qualité consiste en de bons produits, locaux et auxquels on a facilement accès. Or on bute généralement sur ce point. C'est là encore, peut-être, l'une des limites de Paris. Tout le monde s'est aggloméré dans les grandes villes pour le travail, mais tout le monde ne peut pas habiter dans ces dites villes car la vie y est trop chère. Les populations se déplacent donc, dans les banlieues un peu lointaines, et passent des heures dans les transports. Les villes sont belles, riches, mais elles n'autorisent pas un mode de vie pour celles et ceux qui n'en ont pas les moyens. La ville idéale doit réparer cela.

De même, j'entends souvent que cette fracture pourrait en fait être résorbée facilement et presque naturellement dans la mesure où les gens partent vivre en province. Mais ce mouvement de fuite des grandes villes n'est possible que dans un contexte de massification du télétravail – ce qui n'a en réalité rien d'évident et que tout le monde ne peut pas faire – ou en changeant d'emploi – ce que tous les secteurs d'activité ne permettent pas.

Il est donc essentiel, à mon sens, d'intégrer cette dimension du travail en entreprise à la qualité de vie dans la ville idéale. Pour ne prendre qu'un exemple que je connais, je suis persuadée que, si plus personne ne venait travailler physiquement à La Belle-Iloise, nous ne parviendrions pas à créer un esprit d'équipe, encore moins à inculquer une vision.

En somme, les villes sont intrinsèquement liées au mode de vie qui les entoure et les englobe. Le problème aujourd'hui du *temps* que nous prenons pour vivre et pour améliorer notre qualité de vie dépasse la question de la ville.

Redonner le goût des rencontres, retrouver le goût des sorties

Cela me semble assez clair : on ne peut pas habiter dans une ville uniquement pour le travail et pour les magasins.

Il faut de la qualité de vie, mais aussi de la culture et du sport. Il faut avoir la possibilité de rencontrer des gens. Cela vaut aussi bien à l'échelle individuelle qu'à celle de la famille ou même plus généralement à celle de la jeunesse urbanisée. Certes, les associations sportives, artistiques, l'art et la culture ne font pas travailler tout le monde, mais la vie ne se limite pas au travail. Or nous avons quelque peu perdu cette boussole : il faudra donc prendre le temps d'inventer des tiers-lieux où l'on puisse à la fois travailler, faire du sport, rencontrer des artistes… C'est cela qui créera le sentiment qu'il se passe des choses. C'est cela qui nous permettra de grandir.

En dehors du travail, on se cultive, on fait du sport… on mange aussi. Qu'on ne s'étonne pas que j'insiste sur cette dimension : cela fait partie de mon ADN. C'est pourquoi je considère que l'offre de restauration – mais également les cafés, les bars – est absolument primordiale pour qu'une ville soit attractive et désirable. Ainsi, de passage à Clermont-Ferrand dernièrement, où je n'étais pas allée depuis longtemps, j'ai trouvé une abondance de cafés et de bars. Paradoxalement, ce n'est pas l'image que la ville renvoie à l'extérieur. Pourtant, tout le monde était dehors : c'est une ville qui vit et où toutes les générations peuvent se croiser. Une ville qui fait une bonne première impression au visiteur et qui lui donne tout de suite envie de s'y installer. Il y a fondamentalement, je crois, dans cet alliage délicat du dynamisme et de la qualité de vie un ingrédient essentiel qui est celui de l'accueil et de l'hospitalité dans nos villes.

La ville, forgée dans les crises du monde

Il serait assez illusoire de prétendre faire une ville idéale en restant au stade des idées. Pour le meilleur et pour le pire, la ville reste un réceptacle du contexte dans lequel elle est implantée. Elle est ainsi marquée profondément par les transformations qui agitent le monde

– de la Covid-19 à l'invasion de l'Ukraine, en passant par la digitalisation et le réchauffement climatique.

Souvenons-nous : après le confinement qui avait fait tant de mal à nos villes, il y eut un petit pic de quelques semaines où l'on sentait que les gens avaient envie de sortir, de faire des courses, de se faire plaisir. Cette fenêtre s'est vite refermée. Les problématiques, aujourd'hui, sont très différentes : l'inflation fait que les gens sont, à tous les niveaux, obligés de faire des choix, de faire très attention.

Dans l'alimentaire, on ressent cela très nettement : ceux qui achetaient des marques n'en achètent plus, les gens achètent en moins grande quantité, etc. Le bio, par exemple, est en baisse ; tout ce qui est qualitatif est en retrait car les gens n'ont petit à petit plus les moyens de ces postes de dépenses. C'est une réalité.

Le sentiment général est à l'inquiétude, non plus liée à la Covid-19 – qui n'a pourtant pas disparu – mais au contexte de la guerre en Ukraine, qui entraîne de l'inflation, à celui des élections en France, qui créent de l'incertitude, etc. Aujourd'hui, la vague postcrise sanitaire où l'on a vu les gens quitter en masse les villes pour s'installer ailleurs est passée. La période de recherche d'une qualité, d'un essentiel, d'un confort à la suite des fermetures liées à la pandémie est derrière nous. La préoccupation principale de la population, y compris des habitants des villes, est de savoir comment elle va pouvoir vivre décemment pendant les prochains mois. C'est un défi : en tant que dirigeantes et dirigeants, nous devons prendre conscience que les gens ne se demandent plus comment ils vivront mieux ; ils cherchent les moyens de vivre bien.

À cet égard, nos engagements à La Belle-Iloise peuvent servir de boussole. Nous sommes depuis toujours complètement engagés sur le front de l'environnement. Cette tradition est liée à nos valeurs : le respect des saisons, de la matière première, des personnels... Nous avions intégré ces dimensions de la RSE bien avant qu'elle ne devienne à la mode ! Depuis avril 2022, nous avons même obtenu le label « enseigne responsable ». Cela nous permettra pour les années à venir de programmer nos actions : pour conserver ce label, nous sommes en effet tenus de progresser dans la notation.

Comment se structure pour nous cet engagement ? Nous travaillons sur plusieurs axes : contribuer à une alimentation saine et équilibrée – nous avons emprunté cette voie depuis toujours mais nous allons continuer à travailler nos produits pour qu'ils intègrent tous cette dimension de manière très forte – ; limiter notre impact environnemental – nous travaillons beaucoup avec le monde de la pêche sur les origines du poisson, les modes de pêche, le respect des quotas pour lutter contre la surpêche – ; faire grandir nos collaborateurs pour qu'ils innovent dans leurs différents métiers et œuvrer sur le territoire en soutenant des actions locales là où nous sommes implantés. Nous avons un plan d'action pour tous ces sujets : ce label nous permet de voir où l'on est et d'aller plus loin.

Nous avons également décidé de briguer la qualité de « société à mission », une transformation majeure de l'entreprise au plan formel, puisqu'elle entraîne un changement de statut de la société, mais une transformation qui a des conséquences bien réelles puisqu'elle permet d'intégrer ces éléments dans la raison d'être de notre entreprise. Nous sommes donc aujourd'hui tenus d'emprunter un chemin et d'évoluer dans ce chemin. Si nous remplissons déjà beaucoup de critères, nous savons que nous avons encore beaucoup à faire et que c'est notre devoir.

Avoir conscience de son impact – dans les bons et les mauvais aspects de celui-ci – nous semble tout à fait essentiel. Il y va de la maturité d'une entreprise. Dans la mesure où toutes les entreprises doivent agir et se positionner, elles devraient agir d'abord sur leur territoire – à commencer par les villes. Avec La Belle-Iloise, nous avons bien sûr du poids à Quiberon, en Bretagne. C'est donc là que nous pouvons agir pour soulager l'impact que nous avons sur notre environnement. C'est de là que tout commence et c'est là que nous continuons à agir.

Une ville idéale par conviction

Tout n'est pas qu'une question d'impératif, loin de là.

Si nous faisons des conserves de qualité, ce n'est pas parce qu'il est dans l'air du temps de prendre soin de son alimentation – nous le faisons depuis 1932. Si nous avons continué à persévérer depuis tout ce temps, c'est par conviction.

Ce n'est pas parce que manger est nécessaire que l'on doit manger n'importe quoi et faire du mal à la planète. Je suis non seulement convaincue que notre alimentation a un impact considérable sur notre santé mais que tous nos actes d'achat plus généralement ont aussi un impact considérable sur notre planète. Il s'agit en partie d'arbitrages faits au niveau de l'entreprise, mais aussi de décisions individuelles : si l'on décide d'acheter des légumes qui ont été cultivés sous serre en hiver, on a un impact et donc une responsabilité. Chacun de nous a un impact. Nous avons tous le devoir d'en prendre conscience et il faut le plus possible agir pour le limiter.

Pourtant, je ne vois pas cela comme une contrainte négative. Il nous revient d'expliquer le sens de nos produits. Nous avons clairement vocation à rester dans notre ligne, qui est d'ores et déjà durable dans le mode de fabrication, et d'apporter un équilibre alimentaire à ceux qui consomment nos produits.

Il nous reste beaucoup de travail pour rendre les villes plus agréables, plus durables, plus humaines, plus sereines. À partir de mon expérience, j'ai voulu montrer dans ce court essai que le temps est un problème majeur dans les grandes villes et que la question de la proximité est tout aussi primordiale pour gagner en qualité de vie et amoindrir notre impact environnemental.

Peut-être, d'ailleurs, est-ce là que se trouve la clef d'une ville idéale, qui renoue avec sa vocation première : prendre le temps de se rapprocher les uns des autres.

10

*

Et le rêve d'une ville idéale devient réalité

CÉLINE ORJUBIN

Directrice Générale de My Little Paris

Cela fait quatorze ans que Céline Orjubin a fondé avec quatre autres femmes My Little Paris. D'une simple newsletter, ce projet est devenu un business mondial. Elle revient dans ce chapitre sur son itinéraire fondé sur l'amour des villes, mais aussi sur l'imaginaire, moteur irremplaçable pour construire la ville de demain.

* * *

À chaque retour de vacances, à la fin de l'été, la même question me taraude souvent : « Et si les Parisiens ne revenaient pas à Paris ? » On rentre de l'été avec des envies de farniente, de sable chaud et de limoncello. Et au mois de septembre, il y a toujours ce moment où l'on aimerait que Paris ne soit pas vraiment Paris…

C'est que, bien souvent, l'ennui commence lorsqu'on oppose sa ville idéale aux villes réelles. Notre ville idéale – et cette conviction est au fondement même du projet de My Little Paris – est toujours une ville réelle, mais étirée à la limite la plus optimiste du champ de ses possibilités.

C'est notre rôle au quotidien, à nous les femmes de My Little Paris mais aussi à toutes les autres, que d'essayer de rendre les villes meilleures. En rêvant et en imaginant, d'abord, mais aussi et surtout en agissant. Cette idée est le principe moteur de My Little Paris, celui qui continue à nous animer au quotidien – même si ce n'était pas forcément celui de nos premières nuits blanches, au commencement de cette incroyable histoire entrepreneuriale qui a transformé une newsletter envoyée à quelques proches en un groupe média rassemblant plus de cinq millions de femmes dans le monde.

Une ville comme Paris véhicule un imaginaire tellement puissant que tout le monde croit la connaître sans même y avoir jamais habité. L'enjeu est donc simple : une fois que l'on vit à Paris, comment continuer à rêver ?

En même temps, une fois cette question posée, une autre surgit très vite, parce que rêver ne suffit pas toujours. Pourquoi rêver alors que ce que nous voulons vraiment, c'est pouvoir *habiter* cette ville ?

C'est peut-être à ce croisement particulier entre le rêve et la réalité, entre l'utopie et le besoin de changer les choses, qu'émerge l'univers de My Little.

Le rôle de l'imaginaire : projeter sa ville idéale

Aujourd'hui, on ne peut pas se contenter de rêver une ville utopique ou idéale pour les femmes : il faut la créer.

Cette urgence n'est pas nouvelle. À la fin des années 2000, au moment des débuts de My Little Paris, elle était déjà là, même si nous n'en avions pas forcément conscience. Mais cette aspiration n'existait que dans la sphère intime, dans le cœur des gens et en particulier des femmes. Il fallait encore l'exprimer, la transformer en un projet concret, puis fédérer ses acteurs autour d'un message simple : la ville idéale est possible – elle se trouve même sous vos yeux. Nous allions inviter les femmes de notre communauté à partir avec nous à sa rencontre, pour une vie meilleure et plus créative.

Nous avions une volonté : surprendre les Parisiennes et les Parisiens. Défi de taille quand on songe que cette population – et je le dis d'autant plus tranquillement que j'en fais partie – est peut-être la plus blasée au monde. Il y avait dans ce défi quelque chose de difficile mais aussi de très humain, un peu comme faire renaître un amour. Ce qu'il manquait, c'est ce souffle – celui qui ravive la braise sous la cendre – qui donne envie de bousculer ses habitudes, ses périmètres, de changer de rive, de traverser le périphérique et de redevenir un touriste dans sa propre ville. Finalement, il s'agissait de tomber amoureux à nouveau.

Parmi l'équipe fondatrice de My Little Paris, aucune de nous n'est Parisienne d'origine. Cela peut paraître anodin ou anecdotique, mais je crois au contraire que ça a été déterminant. En ayant grandi en province, nous avons toutes commencé par rêver Paris – moi la première.

Et c'est sans doute ce qui a beaucoup contribué à l'originalité de My Little Paris à ses débuts, car nous avions chacune façonné à distance, des années durant, notre propre image de cette ville. Ce que nous attendions d'elle, ce qui nous effrayait, ce qui nous ravissait. Puis nous avons fait quelque chose d'étonnant : nous avons refusé d'être déçues. Bien évidemment, nos fantasmes étaient infondés, puisqu'ils étaient nés de notre imagination. Mais plutôt que d'accepter la grisaille et la lassitude pour seul horizon, nous avons eu un réflexe simple qui, il faut dire, avait un peu de la magie (ou de la folie) de l'enfance : nous avons cherché à transformer nos rêves en réalité.

Une aventure entrepreneuriale

C'est ainsi qu'a commencé, il y a quatorze ans, l'aventure My Little Paris. Par une simple newsletter dans laquelle nous partagions, avec un soin immense apporté aux mots, à la poésie et aux idées, nos bonnes adresses parisiennes.

Nous n'avons jamais levé de fonds. Au tout début, le projet s'est développé sans quasiment aucune ressource, avec seulement 5 000 euros de capital. Mais très vite, l'engouement nous a obligés à nous structurer. Au bout de six mois, nous avions plus de 10 000 abonnées ; 50 000 au bout d'un an. Aujourd'hui, nous nous adressons à 5 millions de femmes en France, en Allemagne et au Japon. En 2011, nous changeons de modèle et lançons My Little Box, avec l'envie de surprendre nos abonnées dans leur boîte aux lettres – après les avoir surprises dans leurs boîtes mail.

Mais rembobinons. Avant d'être un *business*, My Little Paris est une association loi 1901. Au début, cela n'a rien d'une success-story : très concrètement, cinq jeunes femmes se retrouvent le lundi soir autour d'une table de cuisine pour écrire une newsletter.

Nous nous lançons en février 2008. Au bout d'un an, nous sentons qu'il y a quelque chose. Nous avons toutes l'envie de nous y consacrer à plein temps. C'est à ce moment-là qu'on commence à monétiser notre audience et notre capacité d'influence en travaillant avec des marques. D'une association, nous sommes devenues un *business* puis, en 2011, une plateforme *e-commerce*.

Aujourd'hui, My Little Box représente 90 % de notre chiffre d'affaires, dont 30 % à l'international. Ce que nous proposons à nos abonnées, qu'elles soient à Berlin ou à Tokyo, c'est un petit morceau de Paris envoyé directement dans leurs boîtes aux lettres. Un

Paris qu'on essaye d'exprimer de façon aussi vibrante et incarnée que possible. Il faut bien le dire : de l'étranger, Paris est parfois vue comme une sorte de sarcophage prisonnier de l'écrin des siècles passés. Ce que nous avons à cœur de partager, au contraire, dans nos newsletters comme dans nos box, c'est une vision au plus proche de celles qui font Paris au quotidien.

Dès nos débuts, l'idée de plaisir partagé a été centrale. Pour nous, Paris est aussi un immense terrain de jeu – c'est-à-dire un grand « champ de possibles » dans lequel nous voulions aider les Parisiennes à mieux cultiver le goût de l'exploration : en poussant des portes qu'elles n'auraient jamais poussées, en goûtant des plats qu'elles n'auraient jamais goûtés, ou encore en découvrant des endroits où elles ne seraient jamais allées. Avec My Little, la ville devait prendre des saveurs, une texture, des couleurs qu'on ne lui connaissait pas.

Je me souviens encore de la toute première newsletter.

On y parlait d'un fleuriste qui cachait dans son arrière-boutique un bar à shots. On y trouvait des whisky-bégonia, des vodka-coquelicot… Ce qui nous faisait vibrer plus que tout, c'était les dessous de Paris. Nous chassions les mystères, nous découvrions des passages secrets, des chemins de traverse pour aller au-delà des apparences et faire parler les façades muettes… Paris est parfois si belle qu'elle devient statique dans sa majesté – alors qu'elle est d'abord animée, frénétique, vivante.

D'un point de vue stratégique, il était fondamental que ce que nous produisions ne reste pas dans l'univers numérique mais « atterrisse » dans le monde réel. Pour cela, nous misions presque tout sur le bouche-à-oreille. Que la newsletter soit lue était une chose. Mais il fallait par-dessus tout qu'elle viralise, que chacune d'entre elles soit partagée par au moins dix personnes. Nous voulions que nos articles soient au centre des conversations et des dîners entre amis, que nos recommandations deviennent les destinations de leurs soirées et nos idées les projets de leurs week-ends. Bref, nous voulions entrer dans la vie physique des gens. Au fond, notre ambition n'était pas très éloignée de celle des écrivains : nous voulions nous installer dans les imaginaires.

J'ai donc intégré très tôt à nos réflexions ce lien entre le monde digital – parfois qualifié de *virtuel*, ce qu'il n'est pourtant plus depuis longtemps – et le monde physique. C'est dans cet esprit que nous avons également assez vite créé des lieux en parallèle, pendant que la marque My Little continuait à se développer de manière digitale.

Un état d'esprit marqué par les lieux et les échelles

À travers ces lieux physiques, nous partagions notre vision de ce que signifiait *habiter aujourd'hui*.

C'est ainsi que nous avons ouvert une maison de vacances dans le 19e arrondissement de Paris pendant un été. Un lieu magnifique avec six cent mètres carrés de jardins et des ateliers de cuisine où l'on pouvait croiser aussi bien Perla Servan-Schreiber que Marie-France Cohen, ou encore suivre des cours de méditation avec Fabrice Midal.

Nous avons également ouvert une maison à Montmartre, où nous expérimentions le concept de *slow office, pour offrir à la « ruche » de nos bureaux de Barbès* un pendant un peu plus calme, inscrit dans le temps long.

Nos bureaux actuels sont d'ailleurs une bonne illustration et l'expression la plus vivante de la philosophie de My Little. La notion de lieu est très importante : ce que j'aime dans Paris, c'est aussi ce jeu des échelles. On réduit trop souvent la ville à sa dimension horizontale, comme le plan du métro. Les échelles viennent casser cette horizontalité en proposant une échappatoire vers la verticalité – et ouvrir le champ des possibles. C'est pour cela aussi que, chez My Little Paris, nous sommes si attachés aux toits de Paris, cet écosystème qui semble avoir sa vie propre. Notre bureau est l'une de ces échelles, sorte de nid, d'atelier perché sur les toits, si près du Sacré-Cœur qu'on a parfois presque l'impression de l'entendre battre.

En 2020, le confinement est venu complètement transformer l'imagerie de l'immeuble parisien. Quelle était soudain cette nouvelle capsule dans laquelle nous nous sentions tout d'un coup enfermés et embarqués en même temps ? Que signifiait de devoir y vivre ensemble ? Aujourd'hui, alors que nous redécouvrons les extérieurs après avoir redécouvert les intérieurs pendant la crise Covid, l'échelle de la rue nous inspire également beaucoup. Nous travaillons d'ailleurs en ce moment sur un projet avec le photographe Jean-Baptiste Pellerin sur les rues parisiennes. C'est l'imbrication de toutes ces échelles comme des poupées russes que nous aimons explorer de différentes façons, sur le digital, le print, en collaboration ou en événementiel.

Nourrir le business du plaisir

Fondamentalement, tout était là dès le début – ou en tout cas beaucoup de choses qui ont petit à petit constitué notre ADN : le rôle de l'imaginaire, une forme de douceur, de goût des mots, d'attention au détail et à la forme. Notre illustratrice Kanako Kuno fait tous ses dessins à l'aquarelle, elle les sèche ensuite au sèche-cheveux (*just-in-time* oblige, on ne peut pas toujours attendre !) puis les scanne pour les intégrer à la newsletter. Notre goût des mots nous a parfois emmenés très loin – et en tout cas très souvent au bout de la nuit : nous pouvions passer des heures et des nuits blanches sur le texte –, c'est parfois encore le cas aujourd'hui. Ce goût des mots est absolument primordial.

La dimension ludique est aussi au centre de notre rapport à la ville. Nous voyons la ville comme un terrain de jeu. Car My Little Paris était déjà, dès l'origine, un jeu.

Au tout début, c'est Fany Péchiodat, la fondatrice, qui dénichait les bonnes adresses. Sa sœur Amandine écrivait, Kanako illustrait. J'écrivais aussi. Aujourd'hui, je passe plus de temps sur des fichiers Excel et des présentations PowerPoint que sur des textes de newsletters… mais ce n'est pas ce qui m'anime.

Je fais en sorte d'avoir au moins une fois par jour une surprise, une rencontre, une découverte ; quelqu'un que j'admire avec qui je prends un café, quelque chose qui me nourrit… Sans cette dimension de jeu et de plaisir, cette aventure entrepreneuriale aurait été tout simplement impossible.

Donner à rêver dans une ville transformée

Le temps aussi a fait son œuvre. Quatorze ans. Si je me fonde sur le poste d'observatrice privilégiée que j'occupe au cœur du petit atelier de My Little Paris, les changements de la ville – et peut-être même des villes en général – ont été profonds et durables.

Des changements qu'on a d'abord pu observer chez nos lectrices. Après les attentats, nous avons assisté à un vrai besoin de sens et d'action concrète. Nous sommes passés d'un rapport très hédoniste à la ville à un rapport beaucoup plus solidaire, axé sur la conscience de l'environnement dans lequel on s'inscrit et les inégalités. C'est un changement qui s'est incarné très concrètement dans notre ligne éditoriale et dans la curation des projets mis en avant sur nos médias.

Pour autant, de manière très concrète et tangible, mon rapport à la ville est resté intact sur un point essentiel : l'émerveillement.

Nourrir cet émerveillement est plus qu'une hygiène personnelle : c'est un impératif professionnel. Comme la joie, l'émerveillement se cultive. J'ai la chance d'habiter à Montmartre et chaque matin, lorsque je traverse mon quartier, j'ai le même plaisir à traverser ces rues magnifiques pour aller faire ce métier passionnant. Il ne s'agit pas simplement d'une attitude béate face à la vie, mais plutôt d'un mélange de gratitude, de reconnaissance, et de quête du positif et de goût de l'action. C'est une dimension fondamentale et qui va un peu à l'encontre de tous les clichés qu'on peut avoir sur les Parisiens : des gens s'ennuyant de tout, fascinés seulement par la supposée décadence de leur ville magnifique. Nos chiffres le confirment, vu le nombre impressionnant et toujours croissant de nos lectrices : il y a des centaines de milliers de Parisiennes émerveillées.

Mais au-delà de l'émerveillement, après le confinement, nous avons dû composer avec la remise en cause de l'attractivité des villes, ou, on peut le dire, le désamour des villes. Or dans ma position particulière, je me sens aujourd'hui comme une responsabilité vis-à-vis de celles et ceux qui ont fait le choix de ne pas déménager à Bordeaux, à Lyon ou à Marseille.

Cette envie du partage et ce goût de l'émerveillement ne sont bien sûr pas propres à Paris. C'est la raison pour laquelle la marque My Little s'agrandit en explorant d'autres horizons.

Nous avons commencé par le Japon, en raison notamment de la relation particulière qui existe entre Paris et Tokyo, une sorte de fascination réciproque. Avant de nous lancer au Japon, lorsque nous recevions des Tokyoïtes au bureau, ceux-ci étaient absolument fascinés par notre univers. Alors nous nous sommes dit qu'il se passait quelque chose. Aujourd'hui, quinze personnes travaillent pour My Little dans un bureau à Omotesandō, qui ressemble à une petite maison et qui est un petit bout de Paris dans la capitale nippone.

Des villes idéales pour faire la ville idéale

Je suis une gourmande des villes.

J'ai tendance à vouloir absolument tout tester. En vacances, je suis de celles qui veulent faire quatre repas par jour en marchant énormément pour entretenir l'appétit ! Des pratiques, des parcours, des inventions dans d'autres villes ont inspiré le développement de My Little Paris, nous ont donné des idées, dans des circonstances et des dimensions très différentes. Je pense par exemple aux *tokyobikes*, ces vélos tokyoïtes qui, au-delà de l'objet matériel, sont conçus comme une expérience à part entière avec un univers, des accessoires et des parcours sur mesure... À Tokyo, il existe aussi un café pour auteurs où ceux-ci n'ont pas le droit de sortir tant que le manuscrit n'est pas terminé. Avons-nous pensé à répliquer cette idée à Paris ? Je suis sûre qu'elle ferait un tabac dans les quartiers universitaires de la rive gauche...

Dans une dimension davantage entrepreneuriale, New York m'inspire aussi beaucoup.

À San Francisco, nous avons fait beaucoup de lèche-vitrines de bureaux pour nous inspirer et imaginer le modèle de bureau qui ne ressemblerait qu'à nous. Chez Airbnb, nous avons par exemple compris l'importance d'imaginer des lieux qui racontent votre histoire, votre parcours et qui vous êtes – ce qui nous a poussés, pour nos bureaux de Barbès, à créer un « esprit des lieux » sur lequel nous veillons avec autant d'attention qu'un boulanger entretient son levain.

Mona : des lieux refuges dans les épreuves

Mais Paris a connu des bouleversements. La beauté, l'imagination, une forme de légèreté et de poésie sont d'autant plus nécessaires après les épreuves qui ont marqué la géographie physique de Paris depuis les attentats.

Pour que cela touche les gens, et passer de la consolation à l'action, il fallait incarner ce que nous disons depuis plusieurs années. Mon ambition, c'est que les lectrices qui ouvrent la newsletter aient presque l'impression qu'on lise dans leurs pensées. Pas dans un sens intrusif, ou dans une approche marketing, mais nous devons systématiquement être en adéquation avec leur disposition d'esprit à un instant *t*. *Chacune de nos newsletters doit parfaitement* épouser les contours du *Zeitgeist* des Parisiennes. C'est aussi cela, Paris : une plateforme toujours mouvante, impossible à fixer, une locomotive impossible à arrêter. Pour capter cet état d'esprit, nous devons avoir une grande conscience de ce que nous traversons collectivement depuis quelques années. Mais aussi réfléchir à de nouvelles approches, de nouvelles formes.

Cette dimension de construction dans l'épreuve a ainsi nourri ma volonté d'ouvrir un lieu refuge. En 2017, My Little Paris a créé Mona : un espace de six cent cinquante mètres carrés dédié aux femmes et à leurs projets, que nous avons d'abord ouvert rue de Turenne.

On y assistait à des conversations aussi bien avec Julia Bijaoui, la fondatrice de Frichti, sur sa levée de fonds, qu'avec Lauren Bastide, qui est venue enregistrer plusieurs épisodes de *La Poudre*. Je crois que ces espaces sont plus indispensables dans la ville. Ils interviennent à une nouvelle échelle, entre l'intimité de l'appartement et l'ouverture totale de la rue : ce sont des lieux où l'on est à la fois chez soi et où l'on peut rencontrer des inconnus. Ce qui m'intéresse avec l'utopie, précisément, c'est qu'elle soit inscrite dans un espace, qu'elle soit incarnée. Pour moi, cette utopie-là est au cœur de l'esprit de Mona.

Toujours dans une visée féministe, nous avons fait un partenariat avec la librairie des femmes et la collection de la bibliothèque rose. J'ai voulu revisiter cette fameuse bibliothèque rose avec laquelle beaucoup d'enfants ont grandi. Nous reconnaissions enfin les neuf cents titres féministes qui peuvent constituer une sorte de bagage culturel et intellectuel pour aborder ces sujets-là…

Aujourd'hui, Mona s'inscrit au sein de la Cité Audacieuse : c'est un café ouvert à toutes avec une programmation très variée. On y croise par exemple un dimanche soir par mois Chloé Delaume, qui fait des veillées de poésie, ou encore *La Déferlante*, revue féministe, qui lance chacun de ses nouveaux numéros chez Mona.

Renverser le rapport de force

Nous intégrons donc totalement une dimension politique, pour accompagner les femmes dans leurs parcours et se projeter dans la ville – une ville qui, à l'origine, a été conçue par des hommes et pour des hommes.

Notre entreprise ne peut d'ailleurs pas se concevoir autrement que comme une entreprise politique. Cinq fondatrices ont monté un business qui embauche aujourd'hui 130 personnes, dont 95 % de femmes. C'est, en soi, un programme politique !

Ces espaces-là – dans l'imaginaire à travers My Little Paris ou dans le réel à travers Mona – n'existent nulle part ailleurs. Les donner à voir, les donner à vivre nous amènent à la dimension fondamentale de cette ville idéale : la rencontre. C'est bien elle dont nous créons l'occasion. Avec la galaxie My Little, nous *donnons à se rencontrer*. Et c'est quelque chose de nécessaire.

Je me rappelle la toute première version de Mona. Nous réfléchissions : ce lieu sera-t-il ouvert à toutes et à tous ? Il était amusant de constater que l'espace avait été pensé uniquement par des femmes, *designé* par des femmes et construit par des femmes. Et il était tout aussi amusant de voir les quelques hommes qui y entraient évoluer dans ces espaces-là. De manière assez spectaculaire, nous inversions ce que nous, femmes, vivons au quotidien dans tous les espaces partagés depuis des siècles dans des villes masculines. Cette perspective était soudainement renversée… et il était curieux de voir des hommes physiquement appréhender ce lieu.

Par conséquent, Mona devenait aussi un lieu créateur d'énergie pour les femmes.

C'est un multiplicateur de nos intuitions, un accélérateur de nos idées. Il y a là quelque chose d'assez inexplicable et mystérieux : dès qu'on y met les pieds, on entre dans un univers où, soudain, *quelque chose devient possible*. Dans ma ville idéale, on se *relie* à ses utopies à travers des lieux comme Mona.

Notre pouvoir :
le design perpétuel d'une ville idéale

Il reste encore tant à faire.

Le premier combat, la première pierre de cette ville idéale, c'est de la rendre plus sûre. Et je ne parle pas là d'un ajustement technique ou d'une variable à enclencher. Au contraire, c'est un renouvellement structurel dans notre manière de la concevoir. Penser un Paris plus sûr ne veut pas dire à cet égard le « sécuriser ». Cela s'inscrit concrètement dans nos vies de femmes : pouvoir sortir à l'heure que je veux, dans le quartier que je veux, habillée comme je le souhaite et me sentir à l'aise. Cela paraît simple, mais nous en sommes encore très loin. Pour concevoir une ville idéale, il faudra donc commencer par là.

Le deuxième point concerne ce que veut dire *habiter*, un mot auquel nous devons collectivement donner un sens. J'ai été très nourrie à cet égard par les écrits de Mona Chollet et notamment son livre *Chez soi*, et je crois beaucoup à l'échelle de la ville pour répondre aux enjeux écologiques. La ville est probablement la meilleure façon d'être ensemble, mais elle permet aussi d'avoir un impact moins fort à de nombreux égards. C'est quelque chose que j'ai à cœur d'explorer.

Enfin, la ville comme terrain de jeu et comme espace de projection de l'imaginaire est un lieu qui donne du pouvoir, et en particulier aux femmes.

Dans mon métier, par le grand nombre de nos médias, nous avons la chance de toucher un très grand nombre de gens – deux à trois newsletters par semaine, plusieurs dizaines de posts Instagram, de vidéos sur

TikTok – et cela nous permet de capter le pouls de notre audience. C'est une feuille blanche chaque matin et c'est un défi qui se dessine au fil de la programmation éditoriale.

Et ce que j'aime plus que tout est de voir l'impact que nous avons sur la vie des gens.

Pendant le confinement, nous avons par exemple parlé dans My Little Paris de Louise Lévêque, chanteuse lyrique et metteur en scène qui replaçait l'opéra au cœur des cours d'immeubles. À la suite de notre newsletter, elle a reçu plus de trois cents demandes dans la même journée ! Elle a aussi eu des retombées dans *Elle*, *Le Figaro*, *Brut*...

Changer des vies, rien que cela.

C'est quelque chose qui me nourrit beaucoup et dont je suis particulièrement heureuse. Le fait d'être une plateforme qui rend des personnes reconnues pour la qualité de ce qu'elles font s'inscrit à plein dans la dimension politique et sociale que j'évoquais plus haut. Après quatorze ans de liens avec des lectrices qui nous suivent et qui nous font confiance, lorsque l'on parle d'un restaurant, il est réservé pour les mois qui viennent ; lorsque l'on parle d'une artiste, elle est contactée par la presse étrangère dans la journée pour faire un papier sur elle…

C'est un véritable pouvoir. Et il était là, sous nos yeux, dans notre ville.

La recette ? Il suffisait de maintenir allumée la petite lumière de l'émerveillement, de continuer à rêver d'une ville idéale puis, petit à petit, de créer les conditions de son émergence.

LES AUTEURS
DE DÉBATS PUBLICS

Françoise Adamsbaum
Directrice du Musée international des arts modestes de Sète (MIAM)

Yaële Aferiat
Directrice de l'Association française des Fundraisers

Jean-Philippe Aka
Fondateur d'Africa Art Market Today

Hervé Amar
Président d'Ayming

Antoine Amiel
Cofondateur de LearnAssembly

Jean-Xavier Arnaud
Associé, Tilder

Julien Artu
Cofondateur de My Hospi Friends

François Asselin
Président de la CPME

Jacques Attali
Ancien conseiller spécial de François Mitterrand

André-Jacques Auberton-Hervé
Président-fondateur de Soitec

Fanny Auger
Fondatrice de The School of Life

Gilles Babinet
Cofondateur d'Isotope Energy

Bertrand Badré
Président de Blue like an Orange Sustainable Capital

Simon Baker
Directeur de la Maison européenne de la photographie (MEP)

Hector Balas
Cofondateur et dirigeant d'Impala

Jérôme Ballarin
Président de l'Observatoire de la parentalité en entreprise

Audrey Barbier-Litvak
Directeur général France et Europe du Sud de WeWork

Marie Barrot
Fondatrice d'AIM Prod

Agnès Bazin
Directeur du développement de Doctolib

Thierry Beaudet
Président du CESE

Anne-Sophie Beauvais
Directrice générale de Sciences Po Alumni

Salomé Berlioux
Fondatrice de Chemins d'avenirs

Adrien Bisseliches
Fondateur et directeur général de My Pop Up Store

Denis Blanc
Directeur général d'Ayming

Phillip Blond
Fondateur de ResPublica

Flore Bonnard
Fondatrice de
l'application Rezto

Anissa Bonnefont
Scénariste et réalisatrice

Bruno Bonnell
Président de l'EM Lyon
Business School

Jean-Marc Borello
Président du Groupe SOS

Valence Borgia
Cofondatrice de la
Fondation des Femmes

Grégoire Borst
Professeur de psychologie
du développement
et de neurosciences cognitives
de l'éducation à l'Université
Paris-Descartes

Vanessa Boudin-Lestienne
Fondatrice de
The Social Client

Kat Borlongan
Directrice de La French Tech

Vincent Bounes
Directeur de Pôle, Samu 31

Kevin Bourgeois
Cofondateur de Supermood

Nicolas Bouzou
Fondateur d'Asterès

Nicolas Brien
CEO de France Digitale

Tamara Brisk
Fondatrice de Mokki

Franck Bruel
Directeur général adjoint
d'Engie

Jean-Martial Buisson
Avocat associé
chez Fromont Briens

Moussa Camara
Président-fondateur
de l'association
Les Déterminés

Robert Cantarella
Codirecteur du Centquatre

Carolyn Carlson
Danseuse, chorégraphe et poétesse

Louis Champion
Directeur général
de Stallergenes

Julie Chapon
Cofondatrice de Yuka

Thibaut Charmeil
Directeur général France
du groupe Ayming

Xavier Charpentier
Cofondateur de FreeThinking

Jean-Louis Chaussade
Directeur général
de Suez Environnement

Paul-Adrien Cormerais
Fondateur de Pony

Mathieu Cornieti
Président d'Impact Partenaires

Anne-Marie Couderc
Directrice générale de Presstalis

Professeur Charles Court
Chef du service orthopédie
et traumatologie, Hôpital Bicêtre

Thomas Courtois
Président de Nickel

Moano Dadou
Fondateur de RefuHelp

Amy Dahan
Directrice de recherche au CNRS

Julie Dautel
Cofondatrice d'Eonef

François Davy
Président du groupe Adecco

David De Faria
Directeur de Pôle Enfance

Marie Degrand-Guillaud
Directrice générale déléguée de Nickel

Paul de Leusse
Directeur général adjoint du groupe Orange

Maxime Delmotte
Cofondateur de Balibart

Jean-Philippe Derosier
Professeur de droit public à l'Université Lille 2 – Droit et Santé

Tanguy et Marine Desandre
Fondateurs de Maplaceencrèche

Didier Deschamps
Directeur de Chaillot – Théâtre national de la danse

Jean-Luc Domenach
Créateur de l'Université Tsinghua

Éric Dournès
Fondateur de Créa-Sud et animateur de l'émission de télévision Bonsoir le Béarn !

Laurence Drake
Déléguée générale d'InPACT-Initiative

Mathieu Duquesne
Directeur de la stratégie de SNCF Logistics

Jean-Loup Durousset
Président de la Fédération de l'hospitalisation

Béatrice Eastham
Fondatrice et directrice de Green Événements et Événements 3.0

Marie Ekeland
Fondateur de 2050

Caroline Eliacheff
Docteure en médecine, psychanalyste et pédopsychiatre

Delphine Ernotte Cunci
Présidente de France Télévisions

Charlotte Euzen
Associée, Tilder

Paola Fabiani
Présidente de Wisecom

Domitille Fafin
Directrice des relations institutionnelles et de la communication de Shell

Charlotte Fairbank
Championne de tennis fauteuil

Jean-François Fallacher
PDG d'Orange España

Mireille Faugère
Directrice générale de SNCF Voyages/Assistance publique – Hôpitaux de Paris

Frédéric Fisbach
Codirecteur du Centquatre

Hubert Flichy
Senior counsel au cabinet Flichy Grangé Avocats

Françoise Forette
Directrice d'ILC-France

Nicolas Froissard
Porte-parole et codirigeant du Groupe SOS

Jean-Baptiste de Froment
Conseiller Éducation de Nicolas Sarkozy à l'Élysée

Sophie Gaillet
Fondatrice de Grand-Mercredi

Marianne Gallardo
Project leader et research engineer chez Engie

Mathieu Gallet
Fondateur et président de Majelan

Cristina Garmendia
Présidente de la Fundación España Constitucional

Pierre Gattaz
Président du Medef

Julie Gayet
Actrice, productrice de cinéma et réalisatrice française

Marie Georges
Présidente de Willa, ex-Paris Pionnières

Philippe Germain
Directeur de Ciclic, l'agence régionale du Centre pour le livre, l'image et la culture numérique du Centre-Val de Loire

David Gordon-Krief
Associé, UGGC Avocats

Laurent de Gourcuff
Fondateur de Paris Society

Élodie Grimoin
Cofondatrice et CTO d'Urban Canopee

Anne-Sophie Grouchka
Chief operating and transformation officer d'Allianz France

Isabelle Guichot
Directrice générale de Maje

Cécile Guillou
Directrice exécutive générale de Franprix

Khamsa Habouchi
Directrice adjointe du Centre Virchow-Villermé

Vanessa Hary
Fondatrice, Les Intrépides

Paul Hatte
PDG de Hatis

Nicolas Hazard
Fondateur d'Inco

Christophe Heugas
Docteur, Laboratoire Biopyrénées

Anne Hidalgo
Maire de Paris

Caroline Hilliet-Le Branchu
Directrice Générale de La Belle-Iloise

Klaus Hommels
Fondateur de Lakestar

Martin Hook
Directeur général d'Ayming UK

Tarek S. Hosni
Directeur général d'Alvarez & Marsal

Sarah Huisman-Coridian
Associée fondatrice et directrice générale d'Equanity

Thierry Jadot
Président de Dentsu Aegis Network France

Olivier Jaillon
Président, Chief executive & Enablement Officer, Wakam

Patrick Jeantet
PDG de SNCF Réseau

Marcel Kahn
Directeur général du groupe MACSF

Nathanaël Karmitz
PDG de MK2

Frederik W. de Klerk
Prix Nobel de la paix 1993

Guillaume Klossa
Fondateur d'EuropaNova

Gaspard Koenig
Fondateur du think tank GenerationLibre

Alain Krakovitch
Directeur de SNCF Transilien

Arnaud de Lacoste
Directeur général d'Acticall Sitel

Olivier Lacrampe
Docteur, Laboratoire Biopyrénées

Ingrid Lamri
Project director chez Engie

Véronique Langlois
Cofondatrice de FreeThinking

Serge Lasvignes
Président du Centre national d'art et de culture Georges-Pompidou

Frédéric Latrobe
Associé, Tilder

Jean-Yves Le Gall
Président du Centre national d'études spatiales

Ludovic Le Moan
Cofondateur de Sigfox

Fabrice Le Saché
Fondateur d'Aera

Philippe Lemoine
Président de la Fondation Internet nouvelle génération

Philippe Lentschener
Président de Publicis France

Matthias Leridon
Président-fondateur de Tilder

Enrico Letta
Doyen de l'École des affaires internationales de Sciences-Po

Aude Letty
Directrice Innovation Santé et déléguée générale de l'Institut du Bien Vieillir Korian

Chen Lifang
Corporate Senior Vice-President and Director of the Board, Huawei

Jean-Hervé Lorenzi
Président du Cercle des Économistes

Pascal Lorne
Fondateur et CEO de Gojob

Marina Maestrutti
Maîtresse de conférences en sociologie à l'Université Paris 1 Panthéon-Sorbonne, Cetcopra

Thierry Malandain
Chorégraphe et directeur, Centre chorégraphique national de Nouvelle-Aquitaine en Pyrénées-Atlantiques/ Malandain Ballet Biarritz

Angèle Malâtre-Lansac
Directrice déléguée à la santé à l'Institut Montaigne

Pierre-Alain de Malleray
Directeur général du groupe Santiane

Moussa Mara
Premier ministre du Mali

Emma Marcegaglia
Présidente d'Eni

Stéphane Mariaccia
Animatrice d'ateliers de mémoire, association Komedia

Philippe Mas
Fondateur de Modularche

Michel Mathieu
Directeur général de LCL

Olivier Mathiot
Directeur général de 2050

Muriel Mayette-Holtz
Directrice du Théâtre National de Nice

Dominique Méda
Directrice de l'Irisso

Bruno Mettling
Président d'Orange Middle East and Africa

Marc Mézard
Directeur de l'École normale supérieure de Paris

Sacha Michaud
Fondateur de Glovo

Christian Miele
Président de German Startups Association

Éric Mignot
Président et fondateur de +Simple

Fatiha Mlati
Directrice de l'intégration chez France terre d'asile

Jean-Paul Mochet
Directeur général de Franprix

Dominique Mockly
Président de Teréga

Grégory Mollet-Viéville et Romain Rainaut
Créateurs de CYD

François De Montaudouin
Membre du Ayming Institute's Advisory Board et Senior advisor, Tilder

Filippo Monteleone
Directeur général délégué du groupe Générale de santé

Aurélie Motta-Rivey
Vice-présidente de l'AFNU

Antoine Motte
Créateur de Constructions-3D

Patricia Moulin Lemoine
Présidente du Conseil de Surveillance du groupe Galeries Lafayette

Claude Nahon
Directrice du développement durable et de l'environnement au sein du groupe EDF

Séverin Naudet
Fondateur et global CEO de Socialyse

Axelle N'Ciri
Fondatrice de MAP Patho

Olivier Nicolas
Membre du Comité exécutif, LCL

Céline Orjubin
Cofondatrice et directrice générale de My Little Paris

Kevin Ortega
Fondateur de
Coiff in the street

Haiba Ouaissi
Cofondateur de la plate-forme
lecontratdetravail.com

Amélie Oudéa-Castéra
Directrice marketing
et digital du groupe AXA

Rachid Ouramdane
Codirecteur du Centre
chorégraphique national
de Grenoble

Ali Parsa
Fondateur et PDG
de Babylon Health

Michel Paulin
PDG d'OVHcloud

Emmanuel Petiot
Directeur général de Deinove

Nicolas Petrovic
PDG France et Belgique de Siemens

Céline Peudenier
Membre du directoire
du Groupe SOS

Fabien Piazzon
Associé Qualité de vie
au travail chez Ayming

Alain Picard
Directeur général
de SNCF Logistics

François Pignol
Directeur Grands comptes
Luxe chez Google Paris

Laurie Pilo
Directrice générale d'Ayming Benelux

Thomas Plantenga
PDG de Vinted

Olivier Poivre d'Arvor
Ambassadeur
de France en Tunisie

Célia Poncelin
Fondatrice de Lunetist

Marie-Alice Thierry Portmann
Directrice des ressources
humaines d'Ayming

Philippe Pouletty
Cofondateur
de Truffle Capital

Cyril Quenet
Cofondateur de Label Famille

Pierre Rabhi
Créateur du mouvement Colibris

Jonas Ramuz
Président et cofondateur de Quai 36

Laure de La Raudière
Présidente de l'Arcep

Raymond Redding
Directeur général
du Courrier de La Poste

Florian Reinaud
Cofondateur et président
de Concilio

Helmut Reisinger
CEO d'Orange Business Services

Hugues Renson
Vice-président
de l'Assemblée nationale

Sandra Rey
Fondatrice et PDG de Glowee

Stéphane Richard
Président-directeur général
d'Orange

Anne Rigail
Directrice générale
d'Air France

Rémy Rioux
Directeur général
de l'Agence française
de développement

Gaël Riva
Organisateur du Drive Repas
solidarité de la Loubière

Robin Rivaton
Directeur général
de l'agence d'attractivité
de la région Île-de-France

Lucie-Éléonore Riveron
Cofondatrice et présidente
de Fauve Paris

Patrick Ropert
Directeur général de SNCF
Gares & Connexions

Père Matthieu Rougé
Docteur en théologie

Nicolas Rousselet
Président de G7, ADA
et Homebox

Gérard Saillant
Médecin, consultant,
Fédération internationale
de l'automobile

Cédric Sanial
Agriculteur en Haute-Loire

Michel Sapin
Ministre des Finances
et des Comptes publics

Marie-Laure Sauty de Chalon
Présidente de Carat

Jacques-Olivier Schatz
Directeur des opérations
de Wakam

Wolfgang Schäuble
Ministre fédéral
des Finances

Olivier Schwartz
Directeur de l'unité
de recherche Virus et immunité
à l'Institut Pasteur

Vincent Sciandra
PDG de METRON

Hervé Seck
Chef de projet chez Diambars

Mouna Sepehri
Associée, Tilder

Olivier Sibony
Associé, McKinsey

Yannick Silva
Designer et inventeur, Yanook

Victor Simon
Président de WorldSkills
France Champions

Alvaro de Soto
Professeur à l'École d'affaires
internationales de Sciences-Po Paris

Martin Stephan
Directeur général adjoint
de Carbios

Volkan Tanaci
Fondateur de CityBzz

Aurélie Thévenet
Fondateur de Linestie

Jean Todt
Président de la FIA

Albert Toikeusse Mabri
Ministre des Affaires étrangères
de la république
de Côte d'Ivoire

Camille Thomas
Violoncelliste

Vincent Tomasetig
Coordinateur
de groupe, Maker Béarn

Michaël Trabbia
Directeur Exécutif Technologies et Innovation d'Orange

Marie Trellu-Kane
Présidente-fondatrice d'Unis-Cité

Cécile Verdier
Présidente de Christie's France

Agnès Verdier-Molinié
Directrice de la fondation iFRAP

Augustin Verlinde
Fondateur de Frizbiz

Gilles Vermot Desroches
Directeur Développement durable de Schneider Electric

Daniel Vervloet
Président de la FFAL

Martin Vial
Directeur général d'Europ Assistance

Frédéric Vincent
Président de Nexans

Benoît Voituriez
Directeur administratif et financier du Ballet Preljocaj

Jean-Pierre Wiedmer
Président de HSBC Assurances

Pascale Witz
Présidente de PWH Advisors

Camille Zonca
Cofondatrice de Label Famille

DEBATS PUBLICS

Retrouvez-nous sur
le site Internet de Débats Publics

www.debatspublics.com

Débats Publics s'engage dans une démarche
de développement durable par respect pour ses lecteurs
et pour l'environnement.

La conception, la composition et l'impression de ce livre
ont été réalisées en France.

Direction artistique : Bureau des formes
Composition et mise en pages : Nord Compo
Impression : Juillet 2022

Première édition : Septembre 2022

Cet ouvrage est également disponible au format eBook.

L'imprimerie Normandie Roto SAS est labellisée Imprim'Vert®,
et la couverture ainsi que le papier intérieur de l'ouvrage
sont issus de forêts certifiées PEFC.

Crédits photo

Sur la première de couverture, de gauche à droite et de haut en bas :
© Sophie Boulet / Muriel Mayette-Holtz © Eric Malemanche /
Patricia Moulin Lemoine © FTV/Delphine Ghosarossian /
Delphine Ernotte Cunci © Laura Gili / Charlotte Fairbank
© Bertrand Desprez / Marie Trellu-Kane © Stéphanie Pauzat /
Stéphanie Pauzat © Céline Peudenier / Céline Peudenier
© Florence Joubert / Caroline Hilliet-Le Branchu © Lucie Sassiat /
Céline Orjubin © Georges Biard / Julie Gayet

ISBN : 978-2-37509-715-1
Achevé d'imprimer en juillet 2022
N° d'impression : 2202862
Dépôt légal : Septembre 2022

PEFC
10-31-2541
Certifié PEFC
Ce produit est issu de forêts gérées durablement et de sources contrôlées
www.pefc-france.org